Nietzsche | Der Fall Wagner

Friedrich Nietzsche

Richard Wagner in Bayreuth
Der Fall Wagner
Nietzsche contra Wagner

Nachwort von Dieter Borchmeyer

Reclam

Die Texte folgen der Ausgabe: Friedrich Nietzsche: Sämtliche Werke. Kritische Studienausgabe in 15 Bänden. Herausgegeben von Giorgio Colli und Mazzino Montinari. Berlin 1967–1977.

RECLAMS UNIVERSAL-BIBLIOTHEK Nr. 19167

Gestaltung: Cornelia Feyll, Friedrich Forssman
Gesamtherstellung: Reclam, Ditzingen. Printed in Germany 2013

ISBN 978-3-15-019167-5
www.reclam.de

Richard Wagner in Bayreuth.

Unzeitgemäße Betrachtungen, Viertes Stück
[1876]

1.

Damit ein Ereignis Grösse habe, muss zweierlei zusammenkommen: der grosse Sinn Derer, die es vollbringen und der grosse Sinn Derer, die es erleben. An sich hat kein Ereigniss Grösse, und wenn schon ganze Sternbilder verschwinden, Völker zu Grunde gehen, ausgedehnte Staaten gegründet und Kriege mit ungeheuren Kräften und Verlusten geführt werden: über Vieles der Art bläst der Hauch der Geschichte hinweg, als handele es sich um Flocken. Es kommt aber auch vor, dass ein gewaltiger Mensch einen Streich führt, der an einem harten Gestein wirkungslos niedersinkt; ein kurzer scharfer Wiederhall, und Alles ist vorbei. Die Geschichte weiss auch von solchen gleichsam abgestumpften Ereignissen beinahe Nichts zu melden. So überschleicht einen Jeden, welcher ein Ereigniss herankommen sieht, die Sorge, ob Die, welche es erleben, seiner würdig sein werden. Auf dieses Sich-Entsprechen von That und Empfänglichkeit rechnet und zielt man immer, wenn man handelt, im Kleinsten wie im Grössten; und Der, welcher geben will, muss zusehen, dass er die Nehmer findet, die dem Sinne seiner Gabe genugthun. Eben deshalb hat auch die einzelne That eines selbst grossen Menschen keine Grösse, wenn sie kurz, stumpf und unfruchtbar ist; denn in dem Augenblicke, wo er sie that, muss ihm jedenfalls die tiefe Einsicht gefehlt haben, dass sie gerade jetzt nothwendig sei: er hatte nicht scharf genug gezielt, die Zeit nicht bestimmt genug erkannt und gewählt: der Zufall war Herr über ihn geworden, während gross sein und den Blick für die Nothwendigkeit haben streng zusammengehört.

Darüber also, ob Das, was jetzt in Bayreuth vor sich geht, im rechten Augenblick vor sich geht und nothwendig ist, sich Sorge zu machen und Bedenken zu haben, überlassen wir billig wohl Denen, welche über Wagner's Blick für das Nothwendige selbst Bedenken haben. Uns Vertrauensvolleren muss es so erscheinen, dass er ebenso an die Grösse seiner That, als an den grossen Sinn Derer, welche sie erleben sollen, glaubt. Darauf sollen alle Jene stolz sein, welchen dieser Glaube gilt, jenen Vielen oder Wenigen – denn dass es nicht Alle sind, dass jener Glaube nicht der ganzen Zeit gilt, selbst nicht einmal dem ganzen deutschen Volke in seiner gegenwärtigen Erscheinung, hat er uns selber gesagt, in jener Weihe-Rede vom zwei und zwanzigsten Mai 1872, und es giebt Keinen unter uns, welcher gerade darin ihm in tröstlicher Weise widersprechen dürfte. »Nur Sie, sagte er damals, die Freunde meiner besonderen Kunst, meines eigensten Wirkens und Schaffens, hatte ich, um für meine Entwürfe mich an Theilnehmende zu wenden: nur um Ihre Mithülfe für mein Werk konnte ich Sie angehen, dieses Werk rein und unentstellt Denjenigen vorführen zu können, die meiner Kunst ihre ernstliche Geneigtheit bezeigten, trotzdem sie ihnen nur noch unrein und entstellt bisher vorgeführt werden konnte.«

In Bayreuth ist auch der Zuschauer anschauenswerth, es ist kein Zweifel. Ein weiser betrachtender Geist, der aus einem Jahrhundert in's andere gienge, die merkwürdigen Cultur-Regungen zu vergleichen, würde dort viel zu sehen haben; er würde fühlen müssen, dass er hier plötzlich in ein warmes Gewässer gerathe, wie Einer, der in einem See schwimmt und der Strömung einer heissen Quelle nahe kommt: aus anderen, tieferen Gründen muss diese emporkommen, sagt er sich, das umgebende Wasser erklärt sie nicht und ist jedenfalls selber flacheren Ursprungs. So werden alle Die, welche das Bayreuther Fest begehen, als unzeitgemässe Menschen empfunden werden: sie haben anderswo ihre Heimath als in der Zeit und finden anderwärts sowohl ihre Erklärung als ihre Rechtfertigung. Mir ist immer deutlicher geworden, dass der »Gebildete«, sofern er ganz und völlig die Frucht dieser Gegenwart ist, Allem, was Wagner thut und denkt, nur durch die Parodie beikommen kann – wie auch Alles und Jedes parodirt worden ist – und dass er sich auch das Bayreuther Ereigniss nur durch die sehr unmagische Laterne unsrer witzelnden Zeitungsschreiber beleuchten lassen will. Und glücklich, wenn es bei der Parodie bleibt! Es entladet sich in ihr ein Geist der Entfremdung und Feindseligkeit, welcher noch ganz andere Mittel und Wege aufsuchen könnte, auch gelegentlich aufgesucht hat. Diese ungewöhnliche Schärfe und Spannung der Gegensätze würde jener Cultur-Beobachter ebenfalls in's Auge fassen. Dass ein Einzelner, im Verlaufe eines gewöhnlichen Menschenlebens, etwas durchaus Neues hinstellen könne, mag wohl alle Die empören, welche auf die Allmählichkeit aller Entwickelung wie auf eine Art von Sitten-Gesetz schwören: sie sind selber langsam und fordern Langsamkeit – und da sehen sie nun einen sehr Geschwinden, wissen nicht, wie er es macht und sind ihm böse. Von einem solchen Unternehmen, wie dem Bayreuther, gab es keine Vorzeichen, keine Uebergänge, keine Vermittelungen; den langen Weg zum Ziele und das Ziel selber wusste Keiner ausser Wagner. Es ist die erste Weltumsegelung im Reiche der Kunst: wobei, wie es scheint, nicht nur eine neue Kunst, sondern die Kunst selber entdeckt wurde. Alle bisherigen modernen Künste sind dadurch, als einsiedlerisch-verkümmerte oder als Luxus-Künste, halb und halb entwerthet; auch die unsicheren, übel zusammenhängenden Erinnerungen an eine wahre Kunst, die wir Neueren von den Griechen her hatten, dürfen nun ruhen, soweit sie selbst jetzt nicht in einem neuen Verständnisse zu leuchten vermögen. Es ist für Vieles jetzt an der Zeit, abzusterben; diese neue Kunst ist eine Seherin, welche nicht nur für Künste den Untergang herannahen sieht. Ihre mahnende Hand muss unserer gesammten jetzigen Bildung von dem Augenblicke an sehr unheimlich vorkommen, wo das Gelächter über ihre Parodien verstummt: mag sie immerhin noch eine kurze Weile Zeit zu Lust und Lachen haben!

Dagegen werden wir, die Jünger der wiederauferstandenen Kunst, zum Ernste, zum tiefen heiligen Ernste, Zeit und Willen haben! Das Reden und Lärmen, welches die bisherige Bildung von der Kunst gemacht hat – wir müssen es jetzt als eine schamlose Zudringlichkeit empfinden; zum Schweigen verpflichtet uns Alles, zum fünfjährigen pythagoreischen Schweigen. Wer von uns hätte nicht an dem widerlichen Götzendienste der modernen Bildung Hände und Gemüth besudelt! Wer bedürfte nicht des reinigenden Wassers, wer hörte nicht die Stimme, die ihn mahnt: Schweigen und Reinsein! Schweigen und Reinsein! Nur als Denen, welche auf diese Stimme hören, wird uns auch der grosse Blick zu Theil, mit dem wir auf das Ereigniss von Bayreuth hinzusehn haben: und nur in diesem Blick liegt die grosse Zukunft jenes Ereignisses.

Als an jenem Maitage des Jahres 1872 der Grundstein auf der Anhöhe von Bayreuth gelegt worden war, bei strömendem Regen und verfinstertem Himmel, fuhr Wagner mit Einigen von uns zur Stadt zurück, er schwieg und sah dabei mit einem Blick lange in sich hinein, der mit einem Worte nicht zu bezeichnen wäre. Er begann an diesem Tage sein sechzigstes Lebensjahr: alles Bisherige war die Vorbereitung auf diesen Moment. Man weiss, dass Menschen im Augenblick einer ausserordentlichen Gefahr oder überhaupt in einer wichtigen Entscheidung ihres Lebens durch ein unendlich beschleunigtes inneres Schauen alles Erlebte zusammendrängen und mit seltenster Schärfe das Nächste wie das Fernste wieder erkennen. Was mag Alexander der Grosse in jenem Augenblicke gesehen haben, als er Asien und Europa aus Einem Mischkrug trinken liess? Was aber Wagner an jenem Tage innerlich schaute – wie er wurde, was er ist, was er sein wird – das können wir, seine Nächsten, bis zu einem Grade nachschauen: und erst von diesem Wagnerischen

Blick aus werden wir seine grosse That selber verstehen können – um mit diesem Verständniss ihre Fruchtbarkeit zu verbürgen.

2.

Es wäre sonderbar, wenn Das, was Jemand am besten kann und am liebsten thut, nicht auch in der gesammten Gestaltung seines Lebens wieder sichtbar würde; vielmehr muss bei Menschen von hervorragender Befähigung das Leben nicht nur, wie bei Jedermann, zum Abbild des Charakters, sondern vor Allem auch zum Abbild des Intellectes und seines eigensten Vermögens werden. Das Leben des epischen Dichters wird Etwas vom Epos an sich tragen – wie diess, beiläufig gesagt, mit Goethe der Fall ist, in welchem die Deutschen sehr mit Unrecht vornehmlich den Lyriker zu sehen gewöhnt sind – das Leben des Dramatikers wird dramatisch verlaufen.

Das Dramatische im Werden Wagner's ist gar nicht zu verkennen, von dem Augenblicke an, wo die in ihm herrschende Leidenschaft ihrer selber bewusst wird und seine ganze Natur zusammenfasst: damit ist dann das Tastende, Schweifende, das Wuchern der Nebenschösslinge abgethan, und in den verschlungensten Wegen und Wandelungen, in dem oft abenteuerlichen Bogenwurfe seiner Pläne waltet eine einzige innere Gesetzlichkeit, ein Wille, aus dem sie erklärbar sind, so verwunderlich auch oft diese Erklärungen klingen werden. Nun gab es aber einen vordramatischen Theil im Leben Wagner's, seine Kindheit und Jugend, und über den kann man nicht hinweg kommen, ohne auf Räthsel zu stossen. Er selbst scheint noch gar nicht angekündigt; und Das, was man jetzt, zurückblickend, vielleicht als Ankündigungen verstehen könnte, zeigt sich doch zunächst als ein Beieinander von Eigenschaften, welche eher Bedenken, als Hoffnungen erregen müssen:

ein Geist der Unruhe, der Reizbarkeit, eine nervöse Hast im Erfassen von hundert Dingen, ein leidenschaftliches Behagen an beinahe krankhaften hochgespannten Stimmungen, ein unvermitteltes Umschlagen aus Augenblicken seelenvollster Gemüthsstille in das Gewaltsame und Lärmende. Ihn schränkte keine strenge erb- und familienhafte Kunstübung ein: die Malerei, die Dichtkunst, die Schauspielerei, die Musik kamen ihm so nahe als die gelehrtenhafte Erziehung und Zukunft; wer oberflächlich hinblickte, mochte meinen, er sei zum Dilettantisiren geboren. Die kleine Welt, in deren Bann er aufwuchs, war nicht der Art, dass man einem Künstler zu einer solchen Heimath hätte Glück wünschen können. Die gefährliche Lust an geistigem Anschmecken trat ihm nahe, ebenso der mit dem Vielerlei-Wissen verbundene Dünkel, wie er in Gelehrten-Städten zu Hause ist; die Empfindung wurde leicht erregt, ungründlich befriedigt; so weit das Auge des Knaben schweifte, sah er sich von einem wunderlich altklugen, aber rührigen Wesen umgeben, zu dem das bunte Theater in lächerlichem, der seelenbezwingende Ton der Musik in unbegreiflichem Gegensatze stand. Nun fällt es dem vergleichenden Kenner überhaupt auf, wie selten gerade der moderne Mensch, wenn er die Mitgift einer hohen Begabung bekommen hat, in seiner Jugend und Kindheit die Eigenschaft der Naivetät, der schlichten Eigen- und Selbstheit hat, wie wenig er sie haben kann; vielmehr werden die Seltenen, welche, wie Goethe und Wagner, überhaupt zur Naivetät kommen, diese jetzt immer noch eher als Männer haben, als im Alter der Kinder und Jünglinge. Den Künstler zumal, dem die nachahmende Kraft in besonderem Maasse angeboren ist, wird die unkräftige Vielseitigkeit des modernen Lebens wie eine heftige Kinder-Krankheit befallen müssen; er wird als Knabe und Jüngling einem Alten ähnlicher sehen als seinem eigentlichen Selbst. Das wunderbar strenge Urbild des Jünglings, den Siegfried im Ring des Nibelungen, konnte nur ein Mann erzeugen und zwar ein Mann, der seine eigene Jugend erst spät gefunden hat. Spät wie Wagner's Jugend, kam sein Mannesalter, sodass er wenigstens hierin der Gegensatz einer vorwegnehmenden Natur ist.

Sobald seine geistige und sittliche Mannbarkeit eintritt, beginnt auch das Drama seines Lebens. Und wie anders ist jetzt der Anblick! Seine Natur erscheint in furchtbarer Weise vereinfacht, in zwei Triebe oder Sphären auseinander gerissen. Zu unterst wühlt ein heftiger Wille in jäher Strömung, der gleichsam auf allen Wegen, Höhlen und Schluchten an's Licht will und nach Macht verlangt. Nur eine ganz reine und freie Kraft konnte diesem Willen einen Weg in's Gute und Hülfreiche weisen; mit einem engen Geiste verbunden, hätte ein solcher Wille bei seinem schrankenlosen tyrannischen Begehren zum Verhängniss werden können; und jedenfalls musste bald ein Weg in's Freie sich finden, und helle Luft und Sonnenschein hinzukommen. Ein mächtiges Streben, dem immer wieder ein Einblick in seine Erfolglosigkeit gegeben wird, macht böse; das Unzulängliche kann mitunter in den Umständen, im Unabänderlichen des Schicksals liegen, nicht im Mangel der Kraft: aber Der, welcher vom Streben nicht lassen kann, trotz diesem Unzulänglichen, wird gleichsam unterschwürig und daher reizbar und ungerecht. Vielleicht sucht er die Gründe für sein Misslingen in den Anderen, ja er kann in leidenschaftlichem Hasse alle Welt als schuldig behandeln; vielleicht auch geht er trotzig auf Neben- und Schleichwegen oder übt Gewalt: so geschieht es wohl, dass gute Naturen verwildern, auf dem Wege zum Besten. Selbst unter Denen, welche nur der eigenen sittlichen Reinigung nachjagten, unter Einsiedlern und Mönchen, finden sich solche verwilderte und über und über erkrankte, durch Misslingen ausgehöhlte und zerfressene Menschen. Es war ein liebevoller, mit Güte und Süssigkeit überschwänglich mild zuredender Geist, dem die Gewaltthat und die Selbstzerstörung verhasst ist und der Niemanden in Fesseln sehen will: dieser sprach zu Wagner. Er liess sich auf ihn nieder und umhüllte ihn tröstlich mit seinen Flügeln, er zeigte ihm den Weg. Wir thun einen Blick in die andere Sphäre der Wagnerischen Natur: aber wie sollen wir sie beschreiben?

Die Gestalten, welche ein Künstler schafft, sind nicht er selbst, aber die Reihenfolge der Gestalten, an denen er ersichtlich mit innigster Liebe hängt, sagt allerdings Etwas über den Künstler selber aus. Nun stelle man Rienzi, den fliegenden Holländer und Senta, Tannhäuser und Elisabeth, Lohengrin und Elsa, Tristan und Marke, Hans Sachs, Wotan und Brünnhilde sich vor die Seele: es geht ein verbindender unterirdischer Strom von sittlicher Veredelung und Vergrösserung durch alle hindurch, der immer reiner und geläuterter fluthet – und hier stehen wir, wenn auch mit schamhafter Zurückhaltung, vor einem innersten Werden in Wagner's eigener Seele. An welchem Künstler ist etwas Aehnliches in ähnlicher Grösse wahrzunehmen? Schiller's Gestalten, von den Räubern bis zu Wallenstein und Tell, durchlaufen eine solche Bahn der Veredelung und sprechen ebenfalls Etwas über das Werden ihres Schöpfers aus, aber der Maassstab ist bei Wagner noch grösser, der Weg länger. Alles nimmt an dieser Läuterung Theil und drückt sie aus, der Mythus nicht nur, sondern auch die Musik; im Ringe des Nibelungen finde ich die sittlichste Musik, die ich kenne, zum Beispiel dort, wo Brünnhilde von Siegfried erweckt wird; hier reicht er hinauf bis zu einer Höhe und Heiligkeit der Stimmung, dass wir an das Glühen der Eis- und Schneegipfel in den Alpen denken müssen: so rein, einsam, schwer zugänglich, trieblos, vom Leuchten der Liebe umflossen, erhebt sich hier die Natur; Wolken und Gewitter, ja selbst das Erhabene, sind unter ihr. Von da aus auf den Tannhäuser und Holländer zurückblickend, fühlen wir, wie der Mensch Wagner wurde: wie er dunkel und unruhig begann, wie er stürmisch Befriedigung suchte, Macht, berauschenden Genuss erstrebte, oft mit Ekel zurückfloh, wie er die Last von sich werfen wollte, zu vergessen, zu verneinen, zu entsagen begehrte – der gesammte Strom stürzte sich bald in dieses, bald in jenes Thal und bohrte in die dunkelsten Schluchten: – in der Nacht dieses halb unterirdischen Wühlens erschien ein Stern hoch über ihm, mit traurigem Glanze, er nannte ihn, wie er ihn erkannte: Treue, selbstlose Treue! Warum leuchtete sie ihm heller und reiner, als Alles, welches Geheimniss enthält das Wort Treue für sein ganzes Wesen? Denn in jedem, was er dachte und dichtete, hat er das Bild und Problem der Treue ausgeprägt, es ist in seinen Werken eine fast vollständige Reihe aller möglichen Arten der Treue, darunter sind die herrlichsten und selten geahnten: Treue von Bruder zu Schwester, Freund zu Freund, Diener zum Herrn, Elisabeth zu Tannhäuser, Senta zum Holländer, Elsa zu Lohengrin, Isolde, Kurwenal und Marke zu Tristan, Brünnhilde zu Wotan's innerstem Wunsche – um die Reihe nur anzufangen. Es ist die eigenste Urerfahrung, welche Wagner in sich selbst erlebt und wie ein religiöses Geheimniss verehrt: diese drückt er mit dem Worte Treue aus, diese wird er nicht müde in hundert Gestaltungen aus sich heraus zu stellen und in der Fülle seiner Dankbarkeit mit dem Herrlichsten zu beschenken, was er hat und kann – jene wundervolle Erfahrung und Erkenntniss, dass die eine Sphäre seines Wesens der anderen treu blieb, aus freier selbstlosester Liebe Treue wahrte, die schöpferische schuldlose lichtere Sphäre, der dunkelen, unbändigen und tyrannischen.

3.

Im Verhalten der beiden tiefsten Kräfte zu einander, in der Hingebung der einen an die andere lag die grosse Nothwendigkeit, durch welche er allein ganz und er selbst bleiben konnte:

zugleich das Einzige, was er nicht in der Gewalt hatte, was er beobachten und hinnehmen mußte, während er die Verführung zur Untreue und ihre schrecklichen Gefahren für sich immer auf's Neue an sich heran kommen sah. Hier fliesst eine überreiche Quelle der Leiden des Werdenden, die Ungewissheit. Jeder seiner Triebe strebte in's Ungemessene, alle daseinsfreudigen Begabungen wollten sich einzeln losreissen und für sich befriedigen; je grösser ihre Fülle, um so grösser war der Tumult, um so feindseliger ihre Kreuzung. Dazu reizte der Zufall und das Leben, Macht, Glanz, feurigste Lust zu gewinnen, noch öfter quälte die unbarmherzige Noth, überhaupt leben zu müssen; überall waren Fesseln und Fallgruben. Wie ist es möglich, da Treue zu halten, ganz zu bleiben? – Dieser Zweifel übermannte ihn oft und sprach sich dann so aus, wie eben ein Künstler zweifelt, in künstlerischen Gestalten: Elisabeth kann für Tannhäuser eben nur leiden, beten und sterben, sie rettet den Unstäten und Unmässigen durch ihre Treue, aber nicht für dieses Leben. Es geht gefährlich und verzweifelt zu, im Lebenswege jedes wahren Künstlers, der in die modernen Zeiten geworfen ist. Auf viele Arten kann er zu Ehren und Macht kommen, Ruhe und Genügen bietet sich ihm mehrfach an, doch immer nur in der Gestalt, wie der moderne Mensch sie kennt und wie sie für den redlichen Künstler zum erstikkenden Brodem werden müssen. In der Versuchung hiezu und ebenso in der Abweisung dieser Versuchung liegen seine Gefahren, in dem Ekel an den modernen Arten, Lust und Ansehen zu erwerben, in der Wuth, welche sich gegen alles eigensüchtige Behagen nach Art der jetzigen Menschen wendet. Man denke ihn sich in eine Beamtung hinein – so wie Wagner das Amt eines Kapellmeisters an Stadt- und Hoftheatern zu versehen hatte; man empfinde es, wie der ernsteste Künstler mit Gewalt da den Ernst erzwingen will, wo nun einmal die modernen Einrichtungen fast mit grundsätzlicher Leichtfertigkeit aufgebaut sind und Leichtfertigkeit fordern, wie es ihm zum Theil gelingt und im Ganzen immer misslingt, wie der Ekel ihm naht und er flüchten will, wie er den Ort nicht findet, wohin er flüchten könnte und er immer wieder zu den Zigeunern und Ausgestossenen unserer Cultur als einer der Ihrigen zurückkehren muss. Aus einer Lage sich losreissend, verhilft er sich selten zu einer besseren, mitunter geräth er in die tiefste Dürftigkeit. So wechselte Wagner Städte, Gefährten, Länder, und man begreift kaum, unter was für Anmuthungen und Umgebungen er es doch immer eine Zeit lang ausgehalten hat. Auf der grösseren Hälfte seines bisherigen Lebens liegt eine schwere Luft; es scheint, als hoffte er nicht mehr in's Allgemeine, sondern nur noch von heute zu morgen, und so verzweifelte er zwar nicht, ohne doch zu glauben. Wie ein Wanderer durch die Nacht geht, mit schwerer Bürde und auf das Tiefste ermüdet und doch übernächtig erregt, so mag es ihm oft zu Muthe gewesen sein; ein plötzlicher Tod erschien dann vor seinen Blicken nicht als Schreckniss, sondern als verlockendes liebreizendes Gespenst. Last, Weg und Nacht, alles mit einem Male verschwunden! – das tönte verführerisch. Hundertmal warf er sich von Neuem wieder mit jener kurzathmigen Hoffnung in's Leben und liess alle Gespenster hinter sich. Aber in der Art, wie er es that, lag fast immer eine Maasslosigkeit, das Anzeichen dafür, dass er nicht tief und fest an jene Hoffnung glaubte, sondern sich nur an ihr berauschte. Mit dem Gegensatze seines Begehrens und seines gewöhnlichen Halb- oder Unvermögens, es zu befriedigen, wurde er wie mit Stacheln gequält, durch das fortwährende Entbehren aufgereizt, verlor sich seine Vorstellung in's Ausschweifende, wenn einmal plötzlich der Mangel nachliess. Das Leben ward immer verwickelter; aber auch immer kühner, erfindungsreicher waren die Mittel und Auswege, die er, der Dramatiker, entdeckte, ob es schon lauter dramatische Nothbehelfe waren, vorgeschobene Motive, welche einen Augenblick täuschen und nur für einen Augenblick erfunden sind. Er ist blitzschnell mit ihnen bei der Hand, und ebenso schnell sind sie verbraucht. Das Leben Wagner's, ganz aus der Nähe und ohne Liebe gesehen, hat, um an einen Gedanken Schopenhauer's zu erinnern, sehr viel von der Comödie an sich, und zwar von einer merkwürdig grotesken. Wie das Gefühl hiervon, das Eingeständniss einer grotesken Würdelosigkeit ganzer Lebensstrecken auf den Künstler wirken musste, der mehr als irgend ein anderer im Erhabenen und im Ueber-Erhabenen allein frei athmen kann, – das giebt dem Denkenden zu denken.

Inmitten eines solchen Treibens, welches nur durch die genaueste Schilderung den Grad von Mitleiden, Schrecken und Verwunderung einflössen kann, welchen es verdient, entfaltet sich eine Begabung des Lernens, wie sie selbst bei Deutschen, dem eigentlichen Lern-Volke, ganz aussergewöhnlich ist; und in dieser Begabung erwuchs wieder eine neue Gefahr, die sogar grösser war als die eines entwurzelt und unstät scheinenden, vom friedlosen Wahne kreuz und quer geführten Lebens. Wagner wurde aus einem versuchenden Neuling ein allseitiger Meister der Musik und der Bühne und in jeder der technischen Vorbedingungen ein Erfinder und Mehrer. Niemand wird ihm den Ruhm mehr streitig machen, das höchste Vorbild für alle Kunst des grossen Vortrags gegeben zu haben. Aber er wurde noch viel mehr, und um diess und jenes zu werden, war es ihm so wenig als irgend Jemandem erspart, sich lernend die höchste Cultur anzueignen. Und wie er diess that! Es ist eine Lust, diess zu sehen; von allen Seiten wächst es an ihn heran, in ihn hinein, und je grösser und schwerer der Bau, um so straffer spannt sich der Bogen des ordnenden und beherrschenden Denkens. Und doch wurde es selten Einem so schwer gemacht, die Zugänge zu den Wissenschaften und Fertigkeiten zu finden, und vielfach musste er solche Zugänge improvisiren. Der Erneuerer des einfachen Drama's, der Entdecker der Stellung der Künste in der wahren menschlichen Gesellschaft, der dichtende Erklärer vergangener Lebensbetrachtungen, der Philosoph, der Historiker, der Aesthetiker und Kritiker Wagner, der Meister der Sprache, der Mytholog und Mythopoët, der zum ersten Male einen Ring um das herrliche uralte ungeheure Gebilde schloss und die Runen seines Geistes darauf eingrub – welche Fülle des Wissens hatte er zusammenzubringen und zu umspannen, um das alles werden zu können! Und doch erdrückte weder diese Summe seinen Willen zur That, noch leitete das Einzelne und Anziehendste ihn abseits. Um das Ungemeine eines solchen Verhaltens zu ermessen, nehme man zum Beispiel das grosse Gegenbild Goethe's, der, als Lernender und Wissender, wie ein viel verzweigtes Stromnetz erscheint, welches aber seine ganze Kraft nicht zu Meere trägt, sondern mindestens ebensoviel auf seinen Wegen und Krümmungen verliert und verstreut, als es am Ausgange mit sich führt. Es ist wahr, ein solches Wesen wie das Goethe's hat und macht mehr Behagen, es liegt etwas Mildes und Edel-Verschwenderisches um ihn herum, während Wagner's Lauf und Stromgewalt vielleicht erschrecken und abschrecken kann. Mag aber sich fürchten, wer will: wir Anderen wollen dadurch um so muthiger werden, dass wir einen Helden mit Augen sehen dürfen, welcher auch in Betreff der modernen Bildung »das Fürchten nicht gelernt hat«.

Ebensowenig hat er gelernt, sich durch Historie und Philosophie zur Ruhe zu bringen und gerade das zauberhaft Sänftigende und der That Widerrathende ihrer Wirkungen für sich herauszunehmen. Weder der schaffende, noch der kämpfende Künstler wurde durch das Lernen und die Bildung von seiner Laufbahn abgezogen. Sobald ihn seine bildende Kraft überkommt, wird ihm die Geschichte ein beweglicher Thon in seiner Hand; dann steht er mit einem Mal anders zu ihr als jeder

Gelehrte, vielmehr ähnlich wie der Grieche zu seinem Mythus stand, als zu einem Etwas, an dem man formt und dichtet, zwar mit Liebe und einer gewissen scheuen Andacht, aber doch mit dem Hoheitsrecht des Schaffenden. Und gerade weil sie für ihn noch biegsamer und wandelbarer als jeder Traum ist, kann er in das einzelne Ereigniss das Typische ganzer Zeiten hineindichten und so eine Wahrheit der Darstellung erreichen, wie sie der Historiker nie erreicht. Wo ist das ritterliche Mittelalter so mit Fleisch und Geist in ein Gebilde übergegangen, wie diess im Lohengrin geschehen ist? Und werden nicht die Meistersinger noch zu den spätesten Zeiten von dem deutschen Wesen erzählen, ja mehr als erzählen, werden sie nicht vielmehr eine der reifsten Früchte jenes Wesens sein, das immer reformiren und nicht revolviren will und das auf dem breiten Grunde seines Behagens auch das edelste Unbehagen, das der erneuernden That, nicht verlernt hat?

Und gerade zu dieser Art des Unbehagens wurde Wagner immer wieder durch sein Befassen mit Historie und Philosophie gedrängt: in ihnen fand er nicht nur Waffen und Rüstung, sondern hier fühlte er vor Allem den begeisternden Anhauch, welcher von den Grabstätten aller grossen Kämpfer, aller grossen Leidenden und Denkenden her weht. Man kann sich durch Nichts mehr von der ganzen gegenwärtigen Zeit abheben, als durch den Gebrauch, welchen man von der Geschichte und Philosophie macht. Der ersteren scheint jetzt, so wie sie gewöhnlich verstanden wird, die Aufgabe zugefallen zu sein, den modernen Menschen, der keuchend und mühevoll zu seinen Zielen läuft, einmal aufathmen zu lassen, so dass er sich für einen Augenblick gleichsam abgeschirrt fühlen kann. Was der einzelne Montaigne in der Bewegtheit des Reformations-Geistes bedeutet, ein In-sich-zur-Ruhe-kommen, ein friedliches Für-sich-sein und Ausathmen – und so empfand ihn gewiss sein bester Leser, Shakespeare – das ist jetzt die Historie für den modernen Geist. Wenn die Deutschen seit einem Jahrhundert besonders den historischen Studien obgelegen haben, so zeigt diess, dass sie in der Bewegung der neueren Welt die aufhaltende, verzögernde, beruhigende Macht sind: was vielleicht Einige zu einem Lobe für sie wenden dürften. Im Ganzen ist es aber ein gefährliches Anzeichen, wenn das geistige Ringen eines Volkes vornehmlich der Vergangenheit gilt, ein Merkmal von Erschlaffung, von Rück- und Hinfälligkeit: so dass sie nun jedem um sich greifenden Fieber, zum Beispiel dem politischen, in gefährlichster Weise ausgesetzt sind. Einen solchen Zustand von Schwäche stellen, im Gegensatze zu allen Reformations- und Revolutions-Bewegungen, unsere Gelehrten in der Geschichte des modernen Geistes dar, sie haben sich nicht die stolzeste Aufgabe gestellt, aber eine eigene Art friedfertigen Glückes gesichert. Jeder freiere, männlichere Schritt führt freilich an ihnen vorüber, – wenn auch keineswegs an der Geschichte selbst! Diese hat noch ganz andere Kräfte in sich, wie gerade solche Naturen wie Wagner ahnen: nur muss sie erst einmal in einem viel ernsteren, strengeren Sinne, aus einer mächtigen Seele heraus und überhaupt nicht mehr optimistisch, wie bisher immer, geschrieben werden, anders also, als die deutschen Gelehrten bis jetzt gethan haben. Es liegt etwas Beschönigendes, Unterwürfiges und Zufriedengestelltes auf allen ihren Arbeiten, und der Gang der Dinge ist ihnen recht. Es ist schon viel, wenn es Einer merken lässt, dass er gerade nur zufrieden sei, weil es noch schlimmer hätte kommen können: die Meisten von ihnen glauben unwillkürlich, dass es sehr gut sei, gerade so wie es nun einmal gekommen ist. Wäre die Historie nicht immer noch eine verkappte christliche Theodicee, wäre sie mit mehr Gerechtigkeit und Inbrunst des Mitgefühls geschrieben, so würde sie wahrhaftig am wenigsten gerade als Das Dienste leisten können, als was sie jetzt dient: als Opiat gegen alles Umwälzende und Erneuernde. Aehnlich steht es mit der Philosophie: aus welcher ja die Meisten nichts Anderes lernen wollen, als die Dinge ungefähr – sehr ungefähr! – verstehen, um sich dann in sie zu schicken. Und selbst von ihren edelsten Vertretern wird ihre stillende und tröstende Macht so stark hervorgehoben, dass die Ruhesüchtigen und Trägen meinen müssen, sie suchten dasselbe, was die Philosophie sucht. Mir scheint dagegen die wichtigste Frage aller Philosophie zu sein, wie weit die Dinge eine unabänderliche Artung und Gestalt haben: um dann, wenn diese Frage beantwortet ist, mit der rücksichtslosesten Tapferkeit auf die *Verbesserung der als veränderlich erkannten Seite der Welt* loszugehen. Das lehren die wahren Philosophen auch selber durch die That, dadurch, dass sie an der Verbesserung der sehr veränderlichen Einsicht der Menschen arbeiteten und ihre Weisheit nicht für sich behielten; das lehren auch die wahren Jünger wahrer Philosophien, welche wie Wagner aus ihnen gerade gesteigerte Entschiedenheit und Unbeugsamkeit für ihr Wollen, aber keine Einschläferungssäfte zu saugen verstehen. Wagner ist dort am meisten Philosoph, wo er am thatkräftigsten und heldenhaftesten ist. Und gerade als Philosoph gieng er nicht nur durch das Feuer verschiedener philosophischer Systeme, ohne sich zu fürchten, hindurch, sondern auch durch den Dampf des Wissens und der Gelehrsamkeit, und hielt seinem höheren Selbst Treue, welches von ihm *Gesamtthaten seines vielstimmigen Wesens* verlangte und ihn leiden und lernen hiess, um jene Thaten thun zu können.

4.

Die Geschichte der Entwickelung der Cultur seit den Griechen ist kurz genug, wenn man den eigentlichen wirklich zurückgelegten Weg in Betracht zieht und das Stillestehen, Zurückgehen, Zaudern, Schleichen gar nicht mit rechnet. Die Hellenisirung der Welt und, diese zu ermöglichen, die Orientalisirung des Hellenischen – die Doppel-Aufgabe des grossen Alexander – ist immer noch das letzte grosse Ereigniss; die alte Frage, ob eine fremde Cultur sich überhaupt übertragen lasse, immer noch das Problem, an dem die Neueren sich abmühen. Das rhythmische Spiel jener beiden Factoren gegen einander ist es, was namentlich den bisherigen Gang der Geschichte bestimmt hat. Da erscheint zum Beispiel das Christenthum als ein Stück orientalischen Alterthums, welches von den Menschen mit ausschweifender Gründlichkeit zu Ende gedacht und gehandelt wurde. Im Schwinden seines Einflusses hat wieder die Macht des hellenischen Culturwesens zugenommen; wir erleben Erscheinungen, welche so befremdend sind, dass sie unerklärbar in der Luft schweben würden, wenn man sie nicht, über einen mächtigen Zeitraum hinweg, an die griechischen Analogien anknüpfen könnte. So giebt es zwischen Kant und den Eleaten, zwischen Schopenhauer und Empedokles, zwischen Aeschylus und Richard Wagner solche Nähen und Verwandtschaften, dass man fast handgreiflich an das sehr relative Wesen aller Zeitbegriffe gemahnt wird: beinahe scheint es, als ob manche Dinge zusammen gehören und die Zeit nur eine Wolke sei, welche es unseren Augen schwer macht, diese Zusammengehörigkeit zu sehen. Besonders bringt auch die Geschichte der strengen Wissenschaften den Eindruck hervor, als ob wir uns eben jetzt in nächster Nähe der alexandrinisch-griechischen Welt befänden und als ob der Pendel der Geschichte wieder nach dem Puncte zurückschwänge, von wo er zu schwingen begann, fort in räthselhafte Ferne und Verlorenheit. Das Bild unserer gegenwärtigen Welt ist durchaus kein neues: immer mehr muss es Dem, der die Geschichte kennt, so zu Muthe werden, als ob er alte vertraute Züge eines Gesichtes wieder erkenne. Der Geist der hellenischen Cultur liegt in unendlicher Zerstreuung auf unserer Gegenwart: während sich die Gewalten aller Art drängen und man sich die Früchte der modernen Wissenschaften und Fertigkeiten als Austauschmittel bietet, dämmert in blassen Zügen wieder das Bild des Hellenischen, aber noch ganz fern und geisterhaft, auf. Die Erde, die bisher zur Genüge orientalisirt worden ist, sehnt sich wieder nach der Hellenisirung; wer ihr hier helfen will, der hat freilich Schnelligkeit und einen geflügelten Fuss von Nöthen, um die mannichfachsten und entferntesten Puncte des Wissens, die entlegensten Welttheile der Begabung zusammenzubringen, um das ganze ungeheuer ausgespannte Gefilde zu durchlaufen und zu beherrschen. So ist denn jetzt eine Reihe von Gegen-Alexandern nöthig geworden, welche die mächtigste Kraft haben, zusammen zu ziehen und zu binden, die entferntesten Fäden heran zu langen und das Gewebe vor dem Zerblasenwerden zu bewahren. Nicht den gordischen Knoten der griechischen Cultur zu lösen, wie es Alexander that, so dass seine Enden nach allen Weltrichtungen hin flatterten, sondern ihn zu binden, nachdem er gelöst war – das ist jetzt die Aufgabe. In Wagner erkenne ich einen solchen Gegen-Alexander: er bannt und schliesst zusammen, was vereinzelt, schwach und lässig war, er hat, wenn ein medicinischer Ausdruck erlaubt ist, eine adstringirende Kraft: in so fern gehört er zu den ganz grossen Culturgewalten. Er waltet über den Künsten, den Religionen, den verschiedenen Völkergeschichten und ist doch der Gegensatz eines Polyhistors, eines nur zusammentragenden und ordnenden Geistes: denn er ist ein Zusammenbildner und Beseeler des Zusammengebrachten, ein Vereinfacher der Welt. Man wird sich an einer solchen Vorstellung nicht irre machen lassen, wenn man diese allgemeinste Aufgabe, die sein Genius ihm gestellt hat, mit der viel engeren und näheren vergleicht, an welche man jetzt zuerst bei dem Namen Wagner zu denken pflegt. Man erwartet von ihm eine Reformation des Theaters: gesetzt, dieselbe gelänge ihm, was wäre denn damit für jene höhere und ferne Aufgabe gethan?

Nun, damit wäre der moderne Mensch verändert und reformirt: so nothwendig hängt in unserer neueren Welt eins an dem andern, dass, wer nur einen Nagel herauszieht, das Gebäude wanken und fallen macht. Auch von jeder anderen wirklichen Reform wäre dasselbe zu erwarten, was wir hier von der Wagnerischen, mit dem Anscheine der Uebertreibung, aussagen. Es ist gar nicht möglich, die höchste und reinste Wirkung der theatralischen Kunst herzustellen, ohne nicht überall, in Sitte und Staat, in Erziehung und Verkehr, zu neuern. Liebe und Gerechtigkeit, an Einem Puncte, nämlich hier im Bereiche der Kunst, mächtig geworden, müssen nach dem Gesetz ihrer inneren Noth weiter um sich greifen und können nicht wieder in die Regungslosigkeit ihrer früheren Verpuppung zurück. Schon um zu begreifen, inwiefern die Stellung unserer Künste zum Leben ein Symbol der Entartung dieses Lebens ist, inwiefern unsere Theater für Die, welche sie bauen und besuchen, eine Schmach sind, muss man völlig umlernen und das Gewohnte und Alltägliche einmal als etwas sehr Ungewöhnliches und Verwickeltes ansehn können. Seltsame Trübung des Urtheils, schlecht verhehlte Sucht nach Ergötzlichkeit, nach Unterhaltung um jeden Preis, gelehrtenhafte Rücksichten, Wichtigthun und Schauspielerei mit dem Ernst der Kunst von Seiten der Ausführenden, brutale Gier nach Geldgewinn von Seiten der Unternehmenden, Hohlheit und Gedankenlosigkeit einer Gesellschaft, welche an das Volk nur so weit denkt, als es ihr nützt oder gefährlich ist, und Theater und Concerte besucht, ohne je dabei an Pflichten erinnert zu werden – diess alles zusammen bildet die dumpfe und verderbliche Luft unserer heutigen Kunstzustände: ist man aber erst so an dieselbe gewöhnt, wie es unsere Gebildeten sind, so wähnt man wohl, diese Luft zu seiner Gesundheit nöthig zu haben und befindet sich schlecht, wenn man, durch irgend einen Zwang, ihrer zeitweilig entrathen muss. Wirklich hat man nur Ein Mittel, sich in Kürze davon zu überzeugen, wie gemein, und zwar wie absonderlich und verzwickt gemein unsere Theater-Einrichtungen sind: man halte nur die einstmalige Wirklichkeit des griechischen Theaters dagegen! Gesetzt, wir wüssten Nichts von den Griechen, so wäre unseren Zuständen vielleicht gar nicht beizukommen, und man hielte solche Einwendungen, wie sie zuerst von Wagner in grossem Style gemacht worden sind, für Träumereien von Leuten, welche im Lande Nirgendsheim zu Hause sind. Wie die Menschen einmal sind, würde man vielleicht sagen, genügt und gebührt ihnen eine solche Kunst – und sie sind nie anders gewesen! – Sie sind gewiss anders gewesen, und selbst jetzt giebt es Menschen, denen die bisherigen Einrichtungen nicht genügen – eben diess beweist die Thatsache von Bayreuth. Hier findet ihr vorbereitete und geweihte Zuschauer, die Ergriffenheit von Menschen, welche sich auf dem Höhepuncte ihres Glücks befinden und gerade in ihm ihr ganzes Wesen zusammengerafft fühlen, um sich zu weiterem und höherem Wollen bestärken zu lassen; hier findet ihr die hingebendste Aufopferung der Künstler und das Schauspiel aller Schauspiele, den siegreichen Schöpfer eines Werkes, welches selber der Inbegriff einer Fülle siegreicher Kunst-Thaten ist. Dünkt es nicht fast wie Zauberei, einer solchen Erscheinung in der Gegenwart begegnen zu können? Müssen nicht Die, welche hier mithelfen und mitschauen dürfen, schon verwandelt und erneuert sein, um nun auch fernerhin, in anderen Gebieten des Lebens, zu verwandeln und zu erneuern? Ist nicht ein Hafen nach der wüsten Weite des Meeres gefunden, liegt hier nicht Stille über den Wassern gebreitet? – Wer aus der hier waltenden Tiefe und Einsamkeit der Stimmung zurück in die ganz andersartigen Flächen und Niederungen des Lebens kommt, muss er sich nicht immerfort wie Isolde fragen: »Wie ertrug ich's nur? Wie ertrag' ich's noch?« Und wenn er es nicht aushält, sein Glück und sein Unglück eigensüchtig in sich zu bergen, so wird er von jetzt ab jede Gelegenheit ergreifen, in Thaten davon Zeugniss abzulegen. Wo sind Die, welche an den gegenwärtigen Einrichtungen leiden? wird er fragen. Wo sind unsere natürlichen Bundesgenossen, mit denen wir gegen das wuchernde und unterdrückende Um-sich-greifen der heutigen Gebildetheit kämpfen können? Denn einstweilen haben wir nur Einen Feind – einstweilen! – eben jene »Gebildeten«, für welche das Wort »Bayreuth« eine ihrer tiefsten Niederlagen bezeichnet – sie haben nicht mitgeholfen, sie waren wüthend dagegen, oder zeigten jene noch wirksamere Schwerhörigkeit, welche jetzt zur gewohnten Waffe der überlegtesten Gegnerschaft geworden ist. Aber wir wissen eben dadurch, dass sie Wagner's Wesen selber durch ihre Feindseligkeit und Tücke nicht zerstören, sein Werk nicht verhindern konnten, noch Eins: sie haben verrathen, dass sie schwach sind, und dass der Widerstand der bisherigen Machtinhaber nicht mehr viele Angriffe aushalten wird. Es ist der Augenblick für Solche, welche mächtig erobern und siegen wollen, die grössten Reiche stehen offen, ein Fragezeichen ist zu den Namen der Besitzer gesetzt, so weit es Besitz giebt. So ist zum Beispiel das Gebäude der Erziehung als morsch erkannt, und überall finden sich Einzelne, welche in aller Stille schon das Gebäude verlassen haben. Könnte man Die, welche thatsächlich schon jetzt tief mit ihm unzufrieden sind, nur einmal zur offenen Empörung und Erklärung treiben! Könnte man sie des verzagenden Unmuthes berauben! Ich weiss es: wenn man gerade den stillen Beitrag dieser Naturen von dem Ertrage unseres gesammten Bildungswesens abstriche, es wäre der empfindlichste Aderlass, durch den man dasselbe schwächen könnte. Von den Gelehrten zum Beispiel blieben unter dem alten Regimente nur die durch den politischen

Wahnwitz Angesteckten und die litteratenhaften Menschen aller Art zurück. Das widerliche Gebilde, welches jetzt seine Kräfte aus der Anlehnung an die Sphären der Gewalt und Ungerechtigkeit, an Staat und Gesellschaft nimmt und seinen Vortheil dabei hat, diese immer böser und rücksichtsloser zu machen, ist ohne diese Anlehnung etwas Schwächliches und Ermüdetes: man braucht es nur recht zu verachten, so fällt es schon über den Haufen. Wer für die Gerechtigkeit und die Liebe unter den Menschen kämpft, darf sich vor ihm am wenigsten fürchten: denn seine eigentlichen Feinde stehen erst vor ihm, wenn er seinen Kampf, den er einstweilen gegen ihre Vorhut, die heutige Cultur führt, zu Ende gebracht hat.

Für uns bedeutet Bayreuth die Morgen-Weihe am Tage des Kampfes. Man könnte uns nicht mehr Unrecht thun, als wenn man annähme, es sei uns um die Kunst allein zu thun: als ob sie wie ein Heil- und Betäubungsmittel zu gelten hätte, mit dem man alle übrigen elenden Zustände von sich abthun könnte. Wir sehen im Bilde jenes tragischen Kunstwerkes von Bayreuth gerade den Kampf der Einzelnen mit Allem, was ihnen als scheinbar unbezwingliche Nothwendigkeit entgegentritt, mit Macht, Gesetz, Herkommen, Vertrag und ganzen Ordnungen der Dinge. Die Einzelnen können gar nicht schöner leben, als wenn sie sich im Kampfe um Gerechtigkeit und Liebe zum Tode reif machen und opfern. Der Blick, mit welchem uns das geheimnissvolle Auge der Tragödie anschaut, ist kein erschlaffender und gliederbindender Zauber. Obschon sie Ruhe verlangt, so lange sie uns ansieht; – denn die Kunst ist nicht für den Kampf selber da, sondern für die Ruhepausen vorher und inmitten desselben, für jene Minuten, da man zurückblickend und vorahnend das Symbolische versteht, da mit dem Gefühl einer leisen Müdigkeit ein erquickender Traum uns naht. Der Tag und der Kampf bricht gleich an, die heiligen Schatten verschweben und die Kunst ist wieder ferne von uns;

aber ihre Tröstung liegt über dem Menschen von der Frühstunde her. Ueberall findet ja sonst der Einzelne sein persönliches Ungenügen, sein Halb- und Unvermögen: mit welchem Muthe sollte er kämpfen, wenn er nicht vorher zu etwas Überpersönlichem geweiht worden wäre! Die grössten Leiden des Einzelnen, die es giebt, die Nichtgemeinsamkeit des Wissens bei allen Menschen, die Unsicherheit der letzten Einsichten und die Ungleichheit des Könnens, das alles macht ihn kunstbedürftig. Man kann nicht glücklich sein, so lange um uns herum Alles leidet und sich Leiden schafft; man kann nicht sittlich sein, so lange der Gang der menschlichen Dinge durch Gewalt, Trug und Ungerechtigkeit bestimmt wird; man kann nicht einmal weise sein, so lange nicht die ganze Menschheit im Wetteifer um Weisheit gerungen hat und den Einzelnen auf die weiseste Art in's Leben und Wissen hineinführt. Wie sollte man es nun bei diesem dreifachen Gefühle des Ungenügens aushalten, wenn man nicht schon in seinem Kämpfen, Streben und Untergehen etwas Erhabenes und Bedeutungsvolles zu erkennen vermöchte und nicht aus der Tragödie lernte, Lust am Rhythmus der grossen Leidenschaft und am Opfer derselben zu haben. Die Kunst ist freilich keine Lehrerin und Erzieherin für das unmittelbare Handeln; der Künstler ist nie in diesem Verstande ein Erzieher und Rathgeber; die Objecte, welche die tragischen Helden erstreben, sind nicht ohne Weiteres die erstrebenswerthen Dinge an sich. Wie im Traume ist die Schätzung der Dinge, so lange wir uns im Banne der Kunst festgehalten fühlen, verändert: was wir währenddem für so erstrebenswerth halten, dass wir dem tragischen Helden beistimmen, wenn er lieber den Tod erwählt, als dass er darauf verzichtete – das ist für das wirkliche Leben selten von gleichem Werthe und gleicher Thatkraft würdig: dafür ist eben die Kunst die Thätigkeit des Ausruhenden. Die Kämpfe, welche sie zeigt, sind Vereinfachungen der wirklichen Kämpfe des

Lebens; ihre Probleme sind Abkürzungen der unendlich verwickelten Rechnung des menschlichen Handelns und Wollens. Aber gerade darin liegt die Grösse und Unentbehrlichkeit der Kunst, dass sie den Schein einer einfacheren Welt, einer kürzeren Lösung der Lebens-Räthsel erregt. Niemand, der am Leben leidet, kann diesen Schein entbehren, wie Niemand des Schlafes entbehren kann. Je schwieriger die Erkenntniss von den Gesetzen des Lebens wird, um so inbrünstiger begehren wir nach dem Scheine jener Vereinfachung, wenn auch nur für Augenblicke, um so grösser wird die Spannung zwischen der allgemeinen Erkenntniss der Dinge und dem geistig-sittlichen Vermögen des Einzelnen. Damit der Bogen nicht breche, ist die Kunst da.

Der Einzelne soll zu etwas Ueberpersönlichem geweiht werden – das will die Tragödie; er soll die schreckliche Beängstigung, welche der Tod und die Zeit dem Individuum macht, verlernen: denn schon im kleinsten Augenblick, im kürzesten Atom seines Lebenslaufes kann ihm etwas Heiliges begegnen, das allen Kampf und alle Noth überschwänglich aufwiegt – das heisst tragisch gesinnt sein. Und wenn die ganze Menschheit einmal sterben muss – wer dürfte daran zweifeln! – so ist ihr als höchste Aufgabe für alle kommenden Zeiten das Ziel gestellt, so in's Eine und Gemeinsame zusammenzuwachsen, dass sie als ein Ganzes ihrem bevorstehenden Untergange mit einer tragischen Gesinnung entgegengehe; in dieser höchsten Aufgabe liegt alle Veredelung der Menschen eingeschlossen; aus dem endgültigen Abweisen derselben ergäbe sich das trübste Bild, welches sich ein Menschenfreund vor die Seele stellen könnte. So empfinde ich es! Es giebt nur Eine Hoffnung und Eine Gewähr für die Zukunft des Menschlichen: sie liegt darin, dass die tragische Gesinnung nicht absterbe. Es würde ein Weheschrei sonder Gleichen über die Erde erschallen müssen, wenn die Menschen sie einmal völlig verlieren sollten; und wiederum giebt es keine beseligendere Lust als Das zu wissen, was wir wissen – wie der tragische Gedanke wieder hinein in die Welt geboren ist. Denn diese Lust ist eine völlig überpersönliche und allgemeine, ein Jubel der Menschheit über den verbürgten Zusammenhang und Fortgang des Menschlichen überhaupt. –

5.

Wagner rückte das gegenwärtige Leben und die Vergangenheit unter den Lichtstrahl einer Erkenntniss, der stark genug war, um auf ungewohnte Weite hin damit sehen zu können: deshalb ist er ein Vereinfacher der Welt; denn immer besteht die Vereinfachung der Welt darin, dass der Blick des Erkennenden auf's Neue wieder über die ungeheure Fülle und Wüstheit eines scheinbaren Chaos Herr geworden ist, und Das in Eins zusammendrängt, was früher als unverträglich auseinander lag. Wagner that diess, indem er zwischen zwei Dingen, die fremd und kalt wie in getrennten Sphären zu leben schienen, ein Verhältniss fand: zwischen *Musik und Leben* und ebenfalls zwischen *Musik und Drama*. Nicht dass er diese Verhältnisse erfunden oder erst geschaffen hätte: sie sind da und liegen eigentlich vor Jedermanns Füssen: so wie immer das grosse Problem dem edlen Gesteine gleicht, über welches Tausende hinwegschreiten, bis endlich Einer es aufhebt. Was bedeutet es, fragt sich Wagner, dass im Leben der neueren Menschen gerade eine solche Kunst, wie die der Musik, mit so unvergleichlicher Kraft erstanden ist? Man braucht von diesem Leben nicht etwan gering zu denken, um hier ein Problem zu sehen; nein, wenn man alle diesem Leben eigenen grossen Gewalten erwägt und sich das Bild eines mächtig aufstrebenden, um *bewusste Freiheit* und um *Unabhängigkeit des Gedankens* kämpfenden Daseins vor die Seele stellt – dann erst recht erscheint die Musik in dieser Welt als Räthsel. Muss man nicht sagen: aus dieser Zeit konnte die Musik nicht erstehen! Was ist dann aber ihre Existenz? Ein Zufall? Gewiss könnte auch ein einzelner grosser Künstler ein Zufall sein, aber das Erscheinen einer solchen Reihe von grossen Künstlern, wie es die neuere Geschichte der Musik zeigt, und wie es bisher nur noch einmal, in der Zeit der Griechen, seines Gleichen hatte, giebt zu denken, dass hier nicht Zufall, sondern Nothwendigkeit herrscht. Diese Nothwendigkeit eben ist das Problem, auf welches Wagner eine Antwort giebt.

Es ist ihm zuerst die Erkenntniss eines Nothstandes aufgegangen, der so weit reicht, als jetzt überhaupt die Civilisation die Völker verknüpft: überall ist hier die Sprache erkrankt, und auf der ganzen menschlichen Entwickelung lastet der Druck dieser ungeheuerlichen Krankheit. Indem die Sprache fortwährend auf die letzten Sprossen des ihr Erreichbaren steigen musste, um, möglichst ferne von der starken Gefühlsregung, der sie ursprünglich in aller Schlichtheit zu entsprechen vermochte, das dem Gefühl Entgegengesetzte, das Reich des Gedankens zu erfassen, ist ihre Kraft durch dieses übermässige Sich-Ausrecken in dem kurzen Zeitraume der neueren Civilisation erschöpft worden: so dass sie nun gerade Das nicht mehr zu leisten vermag, wessentwegen sie allein da ist: um über die einfachsten Lebensnöthe die Leidenden miteinander zu verständigen. Der Mensch kann sich in seiner Noth vermöge der Sprache nicht mehr zu erkennen geben, also sich nicht wahrhaft mittheilen: bei diesem dunkel gefühlten Zustande ist die Sprache überall eine Gewalt für sich geworden, welche nun wie mit Gespensterarmen die Menschen fasst und schiebt, wohin sie eigentlich nicht wollen; sobald sie mit einander sich zu verständigen und zu einem Werke zu vereinigen suchen, erfasst sie der Wahnsinn der allgemeinen Begriffe, ja der reinen Wortklänge, und in Folge dieser Unfähigkeit, sich mitzutheilen, tragen dann wieder die Schöpfungen ihres Gemeinsinns das Zeichen des Sich-nicht-verstehens, insofern sie nicht den wirklichen Nöthen entsprechen, sondern eben nur der Hohlheit jener gewaltherrischen Worte und Begriffe: so nimmt die Menschheit zu allen ihren Leiden auch noch das Leiden der Convention hinzu, das heisst des Uebereinkommens in Worten und Handlungen ohne ein Uebereinkommen des Gefühls. Wie in dem abwärts laufenden Gange jeder Kunst ein Punct erreicht wird, wo ihre krankhaft wuchernden Mittel und Formen ein tyrannisches Uebergewicht über die jungen Seelen der Künstler erlangen und sie zu ihren Sclaven machen, so ist man jetzt, im Niedergange der Sprachen, der Sclave der Worte; unter diesem Zwange vermag Niemand mehr sich selbst zu zeigen, naiv zu sprechen, und Wenige überhaupt vermögen sich ihre Individualität zu wahren, im Kampfe mit einer Bildung, welche ihr Gelingen nicht damit zu beweisen glaubt, dass sie deutlichen Empfindungen und Bedürfnissen bildend entgegenkomme, sondern damit, dass sie das Individuum in das Netz der »deutlichen Begriffe« einspinne und richtig denken lehre: als ob es irgend einen Werth hätte, Jemanden zu einem richtig denkenden und schliessenden Wesen zu machen, wenn es nicht gelungen ist, ihn vorher zu einem richtig empfindenden zu machen. Wenn nun, in einer solchermaassen verwundeten Menschheit, die Musik unserer deutschen Meister erklingt, was kommt da eigentlich zum Erklingen? Eben nur die richtige Empfindung, die Feindin aller Convention, aller künstlichen Entfremdung und Unverständlichkeit zwischen Mensch und Mensch: diese Musik ist Rückkehr zur Natur, während sie zugleich Reinigung und Umwandelung der Natur ist; denn in der Seele der liebevollsten Menschen ist die Nöthigung zu jener Rückkehr entstanden, und in ihrer Kunst ertönt die in Liebe verwandelte Natur.

Nehmen wir diess als die eine Antwort Wagner's auf die Frage, was die Musik in unserer Zeit bedeutet: er hat noch eine zweite. Das Verhältniss zwischen Musik und Leben ist nicht nur das einer Art Sprache zu einer anderen Art Sprache, es ist auch das Verhältniss der vollkommenen Hörwelt zu der gesammten Schauwelt. Als Erscheinung für das Auge genommen und verglichen mit den früheren Erscheinungen des Lebens, zeigt aber die Existenz der neueren Menschen eine unsägliche Armuth und Erschöpfung, trotz der unsäglichen Buntheit, durch welche nur der oberflächlichste Blick sich beglückt fühlen kann. Man sehe nur etwas schärfer hin und zerlege sich den Eindruck dieses heftig bewegten Farbenspieles: ist das Ganze nicht wie das Schimmern und Aufblitzen zahlloser Steinchen und Stückchen, welche man früheren Culturen abgeborgt hat? Ist hier nicht Alles unzugehöriger Prunk, nachgeäffte Bewegung, angemaasste Aeusserlichkeit? Ein Kleid in bunten Fetzen für den Nackten und Frierenden? Ein scheinbarer Tanz der Freude, dem Leidenden zugemuthet? Mienen üppigen Stolzes, von einem tief Verwundeten zur Schau getragen? Und dazwischen, nur durch die Schnelligkeit der Bewegung und des Wirbels verhüllt und verhehlt – graue Ohnmacht, nagender Unfrieden, arbeitsamste Langeweile, unehrliches Elend! Die Erscheinung des modernen Menschen ist ganz und gar Schein geworden; er wird in dem, was er jetzt vorstellt, nicht selber sichtbar, viel eher versteckt; und der Rest erfinderischer Kunstthätigkeit, der sich noch bei einem Volke, etwan bei den Franzosen und Italiänern erhalten hat, wird auf die Kunst dieses Versteckenspielens verwendet. Ueberall, wo man jetzt »Form« verlangt, in der Gesellschaft und der Unterhaltung, im schriftstellerischen Ausdruck, im Verkehr der Staaten mit eineinander, versteht man darunter unwillkürlich einen gefälligen Anschein, den Gegensatz des wahren Begriffs von Form als von einer nothwendigen Gestaltung, die mit »gefällig« und »ungefällig« nichts zu thun hat, weil sie eben nothwendig und nicht beliebig ist. Aber auch dort, wo man jetzt unter Völkern der Civilisation nicht die Form ausdrücklich verlangt, besitzt man ebenso wenig jene nothwendige Gestaltung, sondern ist in dem Streben nach dem gefälligen Anschein nur nicht so glücklich, wenn auch mindestens ebenso eifrig. Wie gefällig nämlich hier und dort der Anschein ist und weshalb es Jedem gefallen muss, dass der moderne Mensch sich wenigstens bemüht, zu scheinen, das fühlt Jeder in dem Maasse, in welchem er selber moderner Mensch ist. »Nur die Galeerensclaven kennen sich, – sagt Tasso – doch wir verkennen nur die Anderen höflich, damit sie wieder uns verkennen sollen.«

In dieser Welt der Formen und der erwünschten Verkennung erscheinen nun die von der Musik erfüllten Seelen, – zu welchem Zwecke? Sie bewegen sich nach dem Gange des grossen, freien Rhythmus', in vornehmer Ehrlichkeit, in einer Leidenschaft, welche überpersönlich ist, sie erglühen von dem machtvoll ruhigen Feuer der Musik, das aus unerschöpflicher Tiefe in ihnen an's Licht quillt, – diess alles zu welchem Zwecke?

Durch diese Seelen verlangt die Musik nach ihrer ebenmässigen Schwester, der Gymnastik, als nach ihrer nothwendigen Gestaltung im Reiche des Sichtbaren: im Suchen und Verlangen nach ihr wird sie zur Richterin über die ganze verlogene Schau- und Scheinwelt der Gegenwart. Diess ist die zweite Antwort Wagner's auf die Frage, was die Musik in dieser Zeit zu bedeuten habe. Helft mir, so ruft er Allen zu, die hören können, helft mir jene Cultur zu entdecken, von der meine Musik als die wiedergefundene Sprache der richtigen Empfindung wahrsagt, denkt darüber nach, dass die Seele der Musik sich jetzt einen Leib gestalten will, dass sie durch euch alle hindurch zur Sichtbarkeit in Bewegung, That, Einrichtung und

Sitte ihren Weg sucht! Es giebt Menschen, welche diesen Zuruf verstehen, und es werden ihrer immer mehr; diese begreifen es auch zum ersten Male wieder, was es heissen will, den Staat auf Musik zu gründen, – Etwas, das die älteren Hellenen nicht nur begriffen hatten, sondern auch von sich selbst forderten: während die selben Verständnissvollen über dem jetzigen Staat ebenso unbedingt den Stab brechen werden, wie es die meisten Menschen jetzt schon über der Kirche thun. Der Weg zu einem so neuen und doch nicht allezeit unerhörten Ziele führt dazu, sich einzugestehen, worin der beschämendste Mangel in unserer Erziehung und der eigentliche Grund ihrer Unfähigkeit, aus dem Barbarischen herauszuheben, liegt: es fehlt ihr die bewegende und gestaltende Seele der Musik, hingegen sind ihre Erfordernisse und Einrichtungen das Erzeugniss einer Zeit, in welcher jene Musik noch gar nicht geboren war, auf die wir hier ein so vielbedeutendes Vertrauen setzen. Unsere Erziehung ist das rückständigste Gebilde in der Gegenwart und gerade rückständig in Bezug auf die einzige neu hinzugekommene erzieherische Gewalt, welche die jetzigen Menschen vor denen früherer Jahrhunderte voraushaben – oder haben könnten, wenn sie nicht mehr so besinnungslos gegenwärtig unter der Geissel des Augenblicks fortleben wollten! Weil sie bis jetzt die Seele der Musik nicht in sich herbergen lassen, so haben sie auch die Gymnastik im griechischen und Wagnerischen Sinne dieses Wortes noch nicht geahnt; und diess ist wieder der Grund, warum ihre bildenden Künstler zur Hoffnungslosigkeit verurtheilt sind, so lange sie eben, wie jetzt immer noch, der Musik als Führerin in eine neue Schauwelt entrathen wollen: es mag da an Begabung wachsen, was da wolle, es kommt zu spät oder zu früh und jedenfalls zur Unzeit, denn es ist überflüssig und wirkungslos, da ja selbst das Vollkommene und Höchste früherer Zeiten, das Vorbild der jetzigen Bildner, überflüssig und fast wirkungslos ist und kaum noch einen Stein auf den anderen setzt. Sehen sie in ihrem innerlichen Schauen keine neuen Gestalten vor sich, sondern immer nur die alten hinter sich, so dienen sie der Historie, aber nicht dem Leben, und sind todt, bevor sie gestorben sind: wer aber jetzt wahres, fruchtbares Leben, das heisst gegenwärtig allein: Musik in sich fühlt, könnte der sich durch irgend Etwas, das sich in Gestalten, Formen und Stylen abmüht, nur einen Augenblick zu weiter tragenden Hoffnungen verführen lassen? Ueber alle Eitelkeiten dieser Art ist er hinaus; und er denkt ebenso wenig daran, abseits von seiner idealen Hörwelt bildnerische Wunder zu finden, als er von unseren ausgelebten und verfärbten Sprachen noch grosse Schriftsteller erwartet. Lieber, als dass er irgend welchen eitelen Vertröstungen Gehör schenkte, erträgt er es, den tief unbefriedigten Blick auf unser modernes Wesen zu richten: mag er voll von Galle und Hass werden, wenn sein Herz nicht warm genug zum Mitleid ist! Selbst Bosheit und Hohn ist besser, als dass er sich, nach der Art unserer »Kunstfreunde«, einem trügerischen Behagen und einer stillen Trunksucht überantwortete! Aber auch, wenn er mehr kann, als verneinen und höhnen, wenn er lieben, mitleiden und mitbauen kann, so *muss* er doch zunächst verneinen, um dadurch seiner hülfbereiten Seele erst Bahn zu brechen. Damit einmal die Musik viele Menschen zur Andacht stimme und sie zu Vertrauten ihrer höchsten Absichten mache, muss erst dem ganzen genusssüchtigen Verkehre mit einer so heiligen Kunst ein Ende gemacht werden; das Fundament, worauf unsere Kunst-Unterhaltungen, Theater, Museen, Concertgesellschaften ruhen, eben jener »Kunstfreund«, ist mit Bann zu belegen; die staatliche Gunst, welche seinen Wünschen geschenkt wird, ist in Abgunst zu verwandeln; das öffentliche Urtheil, welches gerade auf Abrichtung zu jener Kunstfreundschaft einen absonderlichen Werth legt, ist durch ein besseres Urtheil aus dem Felde zu schlagen. Einstweilen muss uns sogar der erklärte Kunstfeind als ein wirklicher und nützlicher Bundesgenosse gelten, da Das, wogegen er sich feindlich erklärt, eben nur die Kunst, wie sie der »Kunstfreund« versteht, ist: er kennt ja keine andere! Mag er diesem Kunstfreunde immerhin die unsinnige Vergeudung von Geld nachrechnen, welche der Bau seiner Theater und öffentlichen Denkmäler, die Anstellung seiner »berühmten« Sänger und Schauspieler, die Unterhaltung seiner gänzlich unfruchtbaren Kunstschulen und Bildersammlungen verschuldet: gar nicht dessen zu gedenken, was alles an Kraft, Zeit und Geld in jedem Hauswesen, in der Erziehung für vermeintliche »Kunstinteressen« weggeworfen wird. Da ist kein Hunger und kein Sattwerden, sondern immer nur ein mattes Spiel mit dem Anscheine von beidem, zur eitelsten Schaustellung ausgedacht, um das Urtheil Anderer über sich irre zu führen; oder noch schlimmer: nimmt man die Kunst hier verhältnissmässig ernst, so verlangt man gar von ihr die Erzeugung einer Art von Hunger und Begehren, und findet ihre Aufgabe eben in dieser künstlich erzeugten Aufregung. Als ob man sich fürchtete, an sich selber durch Ekel und Stumpfheit zu Grunde zu gehen, ruft man alle bösen Dämonen auf, um sich durch diese Jäger wie ein Wild treiben zu lassen: man lechzt nach Leiden, Zorn, Hass, Erhitzung, plötzlichem Schrecken, athemloser Spannung und ruft den Künstler herbei als den Beschwörer dieser Geisterjagd. Die Kunst ist jetzt in dem Seelen-Haushalte unserer Gebildeten ein ganz erlogenes oder ein schmähliches, entwürdigendes Bedürfniss, entweder ein Nichts oder ein böses Etwas. Der Künstler, der bessere und seltenere, ist wie von einem betäubenden Traume befangen, diess Alles nicht zu sehen, und wiederholt zögernd mit unsicherer Stimme gespenstisch schöne Worte, die er von ganz fernen Orten her zu hören meint, aber nicht deutlich genug vernimmt; der Künstler dagegen von ganz modernem Schlage, kommt in voller Verachtung gegen das traumselige Tasten und Reden seines edleren Genossen daher und führt die ganze kläffende Meute zusammengekoppelter Leidenschaften und Scheusslichkeiten am Strick mit sich, um sie nach Verlangen auf die modernen Menschen loszulassen: diese wollen ja lieber gejagt, verwundet und zerrissen werden, als mit sich selber in der Stille beisammenwohnen zu müssen. Mit sich selber! – dieser Gedanke schüttelt die modernen Seelen, das ist *ihre* Angst und Gespensterfurcht.

Wenn ich mir in volkreichen Städten die Tausende ansehe, wie sie mit dem Ausdrucke der Dumpfheit oder der Hast vorübergehen, so sage ich mir immer wieder: es muss ihnen schlecht zu Muthe sein. Für diese Alle aber ist die Kunst blos deshalb da, damit ihnen noch schlechter zu Muthe werde, noch dumpfer und sinnloser, oder noch hastiger und begehrlicher. Denn die *unrichtige Empfindung* reitet und drillt sie unablässig und lässt durchaus nicht zu, dass sie sich selber ihr Elend eingestehen dürfen; wollen sie sprechen, so flüstert ihnen die Convention Etwas in's Ohr, worüber sie vergessen, was sie eigentlich sagen wollten; wollen sie sich mit einander verständigen, so ist ihr Verstand wie durch Zaubersprüche gelähmt, so dass sie Glück nennen, was ihr Unglück ist, und sich zum eigenen Unsegen noch recht geflissentlich mit einander verbinden. So sind sie ganz und gar verwandelt und zu willenlosen Sclaven der unrichtigen Empfindung herabgesetzt.

6.

Nur an zwei Beispielen will ich zeigen, wie verkehrt die Empfindung in unserer Zeit geworden ist und wie die Zeit kein Bewusstsein über diese Verkehrtheit hat. Ehemals sah man mit ehrlicher Vornehmheit auf die Menschen herab, die mit Geld Handel treiben, wenn man sie auch nöthig hatte; man gestand sich ein, dass jede Gesellschaft ihre Eingeweide haben müsse.

Jetzt sind sie die herrschende Macht in der Seele der modernen Menschheit, als der begehrlichste Theil derselben. Ehemals warnte man vor Nichts mehr, als den Tag, den Augenblick zu ernst zu nehmen und empfahl das nil admirari und die Sorge für die ewigen Anliegenheiten; jetzt ist nur Eine Art von Ernst in der modernen Seele übrig geblieben, er gilt den Nachrichten, welche die Zeitung oder der Telegraph bringt. Den Augenblick benutzen und, um von ihm Nutzen zu haben, ihn so schnell wie möglich beurtheilen! – man könnte glauben, es sei den gegenwärtigen Menschen auch nur Eine Tugend übrig geblieben, die der Geistesgegenwart. Leider ist es in Wahrheit vielmehr die Allgegenwart einer schmutzigen unersättlichen Begehrlichkeit und einer überallhin spähenden Neugierde bei Jedermann. Ob überhaupt der Geist jetzt gegenwärtig sei – wir wollen die Untersuchung darüber den künftigen Richtern zuschieben, welche die modernen Menschen einmal durch ihr Sieb raiten werden. Aber gemein ist diess Zeitalter; das kann man schon jetzt sehen, weil es Das ehrt, was frühere vornehme Zeitalter verachteten; wenn es nun aber noch die ganze Kostbarkeit vergangener Weisheit und Kunst sich angeeignet hat und in diesem reichsten aller Gewänder einhergeht, so zeigt es ein unheimliches Selbstbewusstsein über seine Gemeinheit darin, dass es jenen Mantel nicht braucht, um sich zu wärmen, sondern nur um über sich zu täuschen. Die Noth, sich zu verstellen und zu verstecken, erscheint ihm dringender, als die, nicht zu erfrieren. So benutzen die jetzigen Gelehrten und Philosophen die Weisheit der Inder und Griechen nicht, um in sich weise und ruhig zu werden: ihre Arbeit soll blos dazu dienen, der Gegenwart einen täuschenden Ruf der Weisheit zu verschaffen. Die Forscher der Thiergeschichte bemühen sich, die thierischen Ausbrüche von Gewalt und List und Rachsucht im jetzigen Verkehre der Staaten und Menschen unter einander als unabänderliche Naturgesetze hinzustellen. Die Historiker sind mit ängstlicher Beflissenheit darauf aus, den Satz zu beweisen, dass jede Zeit ihr eigenes Recht, ihre eigenen Bedingungen habe, – um für das kommende Gerichtsverfahren, mit dem unsere Zeit heimgesucht wird, gleich den Grundgedanken der Vertheidigung vorzubereiten. Die Lehre vom Staat, vom Volke, von der Wirthschaft, dem Handel, dem Rechte – Alles hat jetzt jenen vorbereitend apologetischen Charakter; ja es scheint, was von Geist noch thätig ist, ohne bei dem Getriebe des grossen Erwerb- und Machtmechanismus selbst verbraucht zu werden, hat seine einzige Aufgabe im Vertheidigen und Entschuldigen der Gegenwart.

Vor welchem Kläger? Das fragt man da mit Befremden. Vor dem eigenen schlechten Gewissen.

Und hier wird auch mit Einem Male die Aufgabe der modernen Kunst deutlich: Stumpfsinn oder Rausch! Einschläfern oder betäuben! Das Gewissen zum Nichtwissen bringen, auf diese oder die andere Weise! Der modernen Seele über das Gefühl von Schuld hinweghelfen, nicht ihr zur Unschuld zurück verhelfen! Und diess wenigstens auf Augenblicke! Den Menschen vor sich selber vertheidigen, indem er in sich selber zum Schweigen-müssen, zum Nicht-hören-können gebracht wird! – Den Wenigen, welche diese beschämendste Aufgabe, diese schreckliche Entwürdigung der Kunst nur einmal wirklich empfunden haben, wird die Seele von Jammer und Erbarmen bis zum Rande voll geworden sein und bleiben: aber auch von einer neuen übermächtigen Sehnsucht. Wer die Kunst befreien, ihre unentweihte Heiligkeit wiederherstellen wollte, der müsste sich selber erst von der modernen Seele befreit haben; nur als ein Unschuldiger dürfte er die Unschuld der Kunst finden, er hat zwei ungeheure Reinigungen und Weihungen zu vollbringen. Wäre er dabei siegreich, spräche er aus befreiter Seele mit seiner befreiten Kunst zu den Menschen, so würde er dann erst in die grösste Gefahr, in den ungeheuersten

Kampf gerathen; die Menschen würden ihn und seine Kunst lieber zerreissen, als dass sie zugestünden, wie sie aus Scham vor ihnen vergehen müssen. Es wäre möglich, dass die Erlösung der Kunst, der einzige zu erhoffende Lichtblick in der neueren Zeit, ein Ereigniss für ein paar einsame Seelen bliebe, während die Vielen es fort und fort aushielten, in das flackernde und qualmende Feuer ihrer Kunst zu sehen: sie wollen ja nicht Licht, sondern Blendung, sie hassen ja das Licht – über sich selbst.

So weichen sie dem neuen Lichtbringer aus; aber er geht ihnen nach, gezwungen von der Liebe, aus der er geboren ist und will sie zwingen. »Ihr sollt durch meine Mysterien hindurch, ruft er ihnen zu, ihr braucht ihre Reinigungen und Erschütterungen. Wagt es zu eurem Heil und lasst einmal das trüb erleuchtete Stück Natur und Leben, welches ihr allein zu kennen scheint; ich führe euch in ein Reich, das ebenfalls wirklich ist, ihr selber sollt sagen, wenn ihr aus meiner Höhle in euren Tag zurückkehrt, welches Leben wirklicher und wo eigentlich der Tag, wo die Höhle ist. Die Natur ist nach innen zu viel reicher, gewaltiger, seliger, furchtbarer, ihr kennt sie nicht, so wie ihr gewöhnlich lebt: lernt es, selbst wieder Natur zu werden und lasst euch dann mit und in ihr durch meinen Liebes- und Feuerzauber verwandeln.«

Es ist die Stimme der Kunst Wagner's, welche so zu den Menschen spricht. Dass wir Kinder eines erbärmlichen Zeitalters ihren Ton zuerst hören durften, zeigt, wie würdig des Erbarmens gerade diess Zeitalter sein muss, und zeigt überhaupt, dass wahre Musik ein Stück Fatum und Urgesetz ist; denn es ist gar nicht möglich, ihr Erklingen gerade jetzt aus einem leeren sinnlosen Zufall abzuleiten; ein zufälliger Wagner wäre durch die Uebergewalt des anderen Elementes, in welches er hineingeworfen wurde, zerdrückt worden. Aber über dem Werden des wirklichen Wagner liegt eine verklärende und rechtfertigende Nothwendigkeit. Seine Kunst, im Entstehen betrachtet, ist das herrlichste Schauspiel, so leidvoll auch jenes Werden gewesen sein mag, denn Vernunft, Gesetz, Zweck zeigt sich überall. Der Betrachtende wird, im Glücke dieses Schauspiels, dieses leidvolle Werden selbst preisen und mit Lust erwägen, wie der urbestimmten Natur und Begabung Jegliches zu Heil und Gewinn werden muss, so schwere Schulen sie auch durchgeführt wird, wie jede Gefährlichkeit sie beherzter, jeder Sieg sie besonnener macht, wie sie sich von Gift und Unglück nährt und gesund und stark dabei wird. Das Gespött und Widersprechen der umgebenden Welt ist ihr Reiz und Stachel; verirrt sie sich, so kommt sie mit der wunderbarsten Beute aus Irrniss und Verlorenheit heim; schläft sie, so »schläft sie nur neue Kraft sich an«. Sie stählt selber den Leib und macht ihn rüstiger; sie zehrt nicht am Leben, je mehr sie lebt; sie waltet über dem Menschen wie eine beschwingte Leidenschaft und lässt ihn gerade dann fliegen, wenn sein Fuss im Sande ermüdet, am Gestein wund geworden ist. Sie kann nicht anders als mittheilen, Jedermann soll an ihrem Werke mit wirken, sie geizt nicht mit ihren Gaben. Zurückgewiesen, schenkt sie reichlicher, gemissbraucht von dem Beschenkten, giebt sie auch das kostbarste Kleinod, das sie hat, noch hinzu – und noch niemals waren die Beschenkten der Gabe ganz würdig, so lautet die älteste und jüngste Erfahrung. Dadurch ist die urbestimmte Natur, durch welche die Musik zur Welt der Erscheinung spricht, das räthselvollste Ding unter der Sonne, ein Abgrund, in welchem Kraft und Güte gepaart ruhen, eine Brücke zwischen Selbst und Nicht-Selbst. Wer vermöchte den Zweck deutlich zu nennen, zu welchem sie überhaupt da ist, wenn auch selbst die Zweckmässigkeit in der Art, wie sie wurde, sich errathen lassen sollte? Aber aus der seligsten Ahnung heraus darf man fragen: sollte wirklich das Grössere des Geringeren wegen da sein, die grösste Begabung zu Gunsten der kleinsten, die höchste Tugend und Heiligkeit um der Gebrechlichen willen? Musste die wahre Musik erklingen, weil die Menschen sie *am wenigsten verdienten, aber am meisten ihrer bedurften*? Man versenke sich nur einmal in das überschwängliche Wunder dieser Möglichkeit: schaut man von da auf das Leben zurück, so leuchtet es, so trüb und umnebelt es vorher auch erscheinen mochte. –

7.

Es ist nicht anders möglich: der Betrachtende, vor dessen Blick eine solche Natur wie die Wagner's steht, muss unwillkürlich von Zeit zu Zeit auf sich, auf seine Kleinheit und Gebrechlichkeit zurückgeworfen werden und wird sich fragen: was soll sie dir? Wozu bist denn *du* eigentlich da? – Wahrscheinlich fehlt ihm dann die Antwort, und er steht vor seinem eigenen Wesen befremdet und betroffen still. Mag es ihm dann genügen, eben diess erlebt zu haben; mag er eben darin, dass er *sich seinem Wesen entfremdet fühlt*, die Antwort auf jene Fragen hören. Denn gerade mit diesem Gefühle nimmt er Theil an der gewaltigsten Lebensäusserung Wagner's, dem Mittelpuncte seiner Kraft, jener dämonischen *Uebertragbarkeit* und Selbstentäusserung seiner Natur, welche sich Anderen ebenso mittheilen kann, als sie andere Wesen sich selber mittheilt und im Hingeben und Annehmen ihre Grösse hat. Indem der Betrachtende scheinbar der aus- und überströmenden Natur Wagner's unterliegt, hat er an ihrer Kraft selber Antheil genommen und ist so gleichsam *durch ihn gegen ihn* mächtig geworden; und Jeder, der sich genau prüft, weiss, dass selbst zum Betrachten eine geheimnissvolle Gegnerschaft, die des Entgegenschauens, gehört. Lässt uns seine Kunst alles Das erleben, was eine Seele erfährt, die auf Wanderschaft geht, an anderen Seelen und ihrem Loose Theil nimmt, aus vielen Augen in die Welt blicken lernt, so vermögen wir nun auch, aus solcher Entfremdung und Entlegenheit, ihn selbst zu sehen, nachdem wir ihn selbst erlebt haben. Wir fühlen es dann auf das Bestimmteste: in Wagner will alles Sichtbare der Welt zum Hörbaren sich vertiefen und verinnerlichen und sucht seine verlorene Seele; in Wagner will ebenso alles Hörbare der Welt auch als Erscheinung für das Auge an's Licht hinaus und hinauf, will gleichsam Leiblichkeit gewinnen. Seine Kunst führt ihn immer den doppelten Weg, aus einer Welt als Hörspiel in eine räthselhaft verwandte Welt als Schauspiel und umgekehrt: er ist fortwährend gezwungen – und der Betrachtende mit ihm, – die sichtbare Bewegtheit in Seele und Urleben zurück zu übersetzen und wiederum das verborgenste Weben des Inneren als Erscheinung zu sehen und mit einem Schein-Leib zu bekleiden. Diess Alles ist das Wesen des d i t h y r a m b i s c h e n D r a m a t i k e r s, diesen Begriff so voll genommen, dass er zugleich den Schauspieler, Dichter, Musiker umfasst: so wie dieser Begriff aus der einzig vollkommenen Erscheinung des dithyrambischen Dramatikers vor Wagner, aus Aeschylus und seinen griechischen Kunstgenossen, mit Nothwendigkeit entnommen werden muss. Wenn man versucht hat, die grossartigsten Entwickelungen aus inneren Hemmungen oder Lücken herzuleiten, wenn zum Beispiel für Goethe das Dichten eine Art Auskunftsmittel für einen verfehlten Malerberuf war, wenn man von Schillers's Dramen als von einer versetzten Volks-Beredtsamkeit reden kann, wenn Wagner selbst die Förderung der Musik durch die Deutschen unter Anderem auch so sich zu deuten sucht, dass sie, des verführerischen Antriebes einer natürlich-melodischen Stimmbegabung entbehrend, die Tonkunst etwan mit dem gleichen tiefgehenden Ernste aufzufassen genöthigt waren, wie ihre Reformatoren das Christenthum –: wenn man in ähnlicher Weise Wagner's Entwickelung mit einer solchen inneren

Hemmung in Verbindung setzen wollte, so dürfte man wohl in ihm eine schauspielerische Urbegabung annehmen, welche es sich versagen musste, sich auf dem nächsten trivialsten Wege zu befriedigen und welche in der Heranziehung aller Künste zu einer grossen schauspielerischen Offenbarung ihre Auskunft und ihre Rettung fand. Aber eben so gut müsste man dann sagen dürfen, dass die gewaltigste Musiker-Natur, in ihrer Verzweifelung, zu den Halb- und Nicht-Musikern reden zu müssen, den Zugang zu den anderen Künsten gewaltsam erbrach, um so endlich mit hundertfacher Deutlichkeit sich mitzutheilen und sich Verständniss, volksthümlichstes Verständniss zu erzwingen. Wie man sich nun auch die Entwickelung des Urdramatikers vorstellen möge, in seiner Reife und Vollendung ist er ein Gebilde ohne jede Hemmung und Lücke: der eigentlich freie Künstler, der gar nicht anders kann, als in allen Künsten zugleich denken, der Mittler und Versöhner zwischen scheinbar getrennten Sphären, der Wiederhersteller einer Ein- und Gesammtheit des künstlerischen Vermögens, welche gar nicht errathen und erschlossen, sondern nur durch die That gezeigt werden kann. Vor wem aber diese That plötzlich gethan wird, den wird sie wie der unheimlichste, anziehendste Zauber überwältigen: er steht mit einem Male vor einer Macht, welche den Widerstand der Vernunft aufhebt, ja alles Andere, in dem man bis dahin lebte, unvernünftig und unbegreiflich erscheinen lässt: ausser uns gesetzt, schwimmen wir in einem räthselhaften feuerigen Elemente, verstehen uns selber nicht mehr, erkennen das Bekannteste nicht wieder; wir haben kein Maass mehr in der Hand, alles Gesetzliche, alles Starre beginnt sich zu bewegen, jedes Ding leuchtet in neuen Farben, redet in neuen Schriftzeichen zu uns: – da muss man schon Plato sein, um, bei diesem Gemisch von gewaltsamer Wonne und Furcht, sich doch so entschliessen zu können, wie er thut und zu dem Dramatiker zu sprechen: »wir wollen einen Mann, der in Folge seiner Weisheit alles Mögliche werden und alle Dinge nachahmen könnte, wenn er in unser Gemeinwesen kommt, als etwas Heiliges und Wundervolles verehren, Salben über sein Haupt giessen und es mit Wolle bekränzen, aber ihn zu bewegen suchen, dass er in ein anderes Gemeinwesen gehe.« Mag es sein, dass Einer, der im platonischen Gemeinwesen lebt, so etwas über sich gewinnen kann und muss: wir Anderen alle, die wir so gar nicht in ihm, sondern in ganz anderen Gemeinwesen leben, sehnen uns und verlangen darnach, dass der Zauberer zu uns komme, ob wir uns schon vor ihm fürchten, – gerade damit unser Gemeinwesen und die böse Vernunft und Macht, deren Verkörperung es ist, einmal verneint erscheine. Ein Zustand der Menschheit, ihrer Gemeinschaft, Sitte, Lebensordnung, Gesammteinrichtung, welcher des nachahmenden Künstlers entbehren könnte, ist vielleicht keine volle Unmöglichkeit, aber doch gehört gerade dies Vielleicht zu den verwegensten, die es giebt und wiegt einem Vielschwer ganz gleich; davon zu reden, sollte nur Einem freistehen, welcher den höchsten Augenblick alles Kommenden, vorwegnehmend, erzeugen und fühlen könnte und der dann sofort, gleich Faust, blind werden müsste – und dürfte: – denn wir haben selbst zu dieser Blindheit kein Recht, während zum Beispiel Plato gegen alles Wirklich-Hellenische mit Recht blind sein durfte, nach jenem einzigen Blick seines Auges, den er in das Ideal-Hellenische gethan hatte. Wir Anderen brauchen vielmehr deshalb die Kunst, weil wir gerade Angesichts des Wirklichen sehend geworden sind: und wir brauchen gerade den All-Dramatiker, damit er uns aus der furchtbaren Spannung wenigstens auf Stunden erlöse, welche der sehende Mensch jetzt zwischen sich und den ihm aufgebürdeten Aufgaben empfindet. Mit ihm steigen wir auf die höchsten Sprossen der Empfindung und wähnen uns dort erst wieder in der freien Natur und im Reiche der Freiheit; von dort aus sehen wir wie in ungeheuren Luft-Spiegelungen uns und unseres Gleichen im Ringen, Siegen und Untergehen als etwas Erhabenes und Bedeutungsvolles, wir haben Lust am Rhythmus der Leidenschaft und am Opfer derselben, wir hören bei jedem gewaltigen Schritte des Helden den dumpfen Widerhall des Todes und verstehen in dessen Nähe den höchsten Reiz des Lebens: – so zu tragischen Menschen umgewandelt, kehren wir in seltsam getrösteter Stimmung zum Leben zurück, mit dem neuen Gefühl der Sicherheit, als ob wir nun aus den grössten Gefahren, Ausschreitungen und Ekstasen den Weg zurück in's Begränzte und Heimische gefunden hätten: dorthin, wo man überlegen-gütig und jedenfalls vornehmer, als vordem, verkehren kann; denn Alles, was hier als Ernst und Noth, als Lauf zu einem Ziele erscheint, ähnelt, im Vergleiche mit der Bahn, die wir selber, wenn auch nur im Traume, durchlaufen haben, nur wunderlich vereinzelten Stücken jener All-Erlebnisse, deren wir uns mit Schrecken bewusst sind; ja wir werden in's Gefährliche gerathen und versucht sein, das Leben zu leicht zu nehmen, gerade deshalb, weil wir es in der Kunst mit so ungemeinem Ernste erfasst haben: um auf ein Wort hinzuweisen, welches Wagner von seinen Lebens-Schicksalen gesagt hat. Denn wenn schon uns, als Denen, welche eine solche Kunst der dithyrambischen Dramatik nur erfahren, aber nicht schaffen, der Traum fast für wahrer gelten will, als das Wache, Wirkliche: wie muss erst der Schaffende diesen Gegensatz abschätzen! Da steht er selber inmitten aller der lärmenden Anrufe und Zudringlichkeiten von Tag, Lebensnoth, Gesellschaft, Staat – als was? Vielleicht als sei er gerade der einzig Wache, einzig Wahr- und Wirklich-Gesinnte unter verworrenen und gequälten Schläfern, unter lauter Wähnenden, Leidenden; mitunter selbst fühlt er sich wohl wie von dauernder Schlaflosigkeit erfasst, als müsse er nun sein so übernächtig helles und bewusstes Leben zusammen mit Schlafwandlern und gespensterhaft ernst thuenden Wesen verbringen: so dass eben jenes Alles, was Anderen alltäglich, ihm unheimlich erscheint, und er sich versucht fühlt, dem Eindrucke dieser Erscheinung mit übermüthiger Verspottung zu begegnen. Aber wie eigenthümlich gekreuzt wird diese Empfindung, wenn gerade zu der Helle seines schaudernden Uebermuthes ein ganz anderer Trieb sich gesellt, die Sehnsucht aus der Höhe in die Tiefe, das liebende Verlangen zur Erde, zum Glück der Gemeinsamkeit – dann, wenn er alles Dessen gedenkt, was er als Einsamer-Schaffender entbehrt, als sollte er nun sofort, wie ein zur Erde niedersteigender Gott, alles Schwache, Menschliche, Verlorene »mit feurigen Armen zum Himmel emporheben«, um endlich Liebe und nicht mehr Anbetung zu finden und sich, in der Liebe, seiner selbst völlig zu entäussern! Gerade aber die hier angenommene Kreuzung ist das thatsächliche Wunder in der Seele des dithyrambischen Dramatikers: und wenn sein Wesen irgendwo auch vom Begriff zu erfassen wäre, so müsste es an dieser Stelle sein. Denn es sind die Zeugungs-Momente seiner Kunst, wenn er in diese Kreuzung der Empfindungen gespannt ist, und sich jene unheimlich-übermüthige Befremdung und Verwunderung über die Welt mit dem sehnsüchtigen Drange paart, derselben Welt als Liebender zu nahen. Was er dann auch für Blicke auf Erde und Leben wirft, es sind immer Sonnenstrahlen, die »Wasser ziehen«, Nebel ballen, Gewitterdünste umher lagern. Hellsichtig-besonnen und liebend-selbstlos zugleich fällt sein Blick hernieder: und Alles, was er jetzt mit dieser doppelten Leuchtkraft seines Blickes sich erhellt, treibt die Natur mit furchtbarer Schnelligkeit zur Entladung aller ihrer Kräfte, zur Offenbarung ihrer verborgensten Geheimnisse: und zwar durch Scham. Es ist mehr als ein Bild, zu sagen, dass er mit jenem Blick die Natur überrascht habe, dass er sie nackend gesehen habe: da will sie sich nun schamhaft in ihre Gegensätze flüchten. Das bisher Unsichtbare, Innere rettet sich in die Sphäre des Sichtbaren und wird Erscheinung; das bisher nur Sichtbare flieht in das dunkele Meer des Tönenden: so enthüllt die Natur, indem sie sich verstecken will, das Wesen ihrer Gegensätze. In einem ungestüm rhythmischen und doch schwebenden Tanze, in verzückten Gebärden spricht der Urdramatiker von Dem, was in ihm, was in der Natur sich jetzt begiebt: der Dithyramb seiner Bewegungen ist ebenso sehr schauderndes Verstehen, übermüthiges Durchschauen, als liebendes Nahen, lustvolle Selbst-Entäusserung. Das Wort folgt berauscht dem Zuge dieses Rhythmus'; mit dem Worte gepaart ertönt die Melodie; und wiederum wirft die Melodie ihre Funken weiter in das Reich der Bilder und Begriffe. Eine Traumerscheinung, dem Bilde der Natur und ihres Freiers ähnlich-unähnlich, schwebt heran, sie verdichtet sich zu menschlicheren Gestalten, sie breitet sich aus zur Abfolge eines ganzen heroisch-übermüthigen Wollens, eines wonnereichen Untergehens und Nicht-mehr-Wollens: – so entsteht die Tragödie, so wird dem Leben seine herrlichste Weisheit, die des tragischen Gedankens, geschenkt, so endlich erwächst der größte Zauberer und Beglücker unter den Sterblichen, der dithyrambische Dramatiker. –

8.

Das eigentliche Leben Wagner's, das heisst die allmähliche Offenbarung des dithyrambischen Dramatikers war zugleich ein unausgesetzter Kampf mit sich selbst, soweit er nicht nur dieser dithyrambische Dramatiker war: der Kampf mit der widerstrebenden Welt wurde für ihn nur deshalb so grimmig und unheimlich, weil er diese »Welt«, diese verlockende Feindin, aus sich selber reden hörte und weil er einen gewaltigen Dämon des Widerstrebens in sich beherbergte. Als der herrschende Gedanke seines Lebens in ihm aufstieg, dass vom

Theater aus eine unvergleichliche Wirkung, die grösste Wirkung aller Kunst ausgeübt werden könne, riss er sein Wesen in die heftigste Gärung. Es war damit nicht sofort eine klare, lichte Entscheidung über sein weiteres Begehren und Handeln gegeben; dieser Gedanke erschien zuerst fast nur in versucherischer Gestalt, als Ausdruck jenes finsteren, nach Macht und Glanz unersättlich verlangenden persönlichen Willens. Wirkung, unvergleichliche Wirkung – wodurch? auf wen? – das war von da an das rastlose Fragen und Suchen seines Kopfes und Herzens. Er wollte siegen und erobern, wie noch kein Künstler und womöglich mit Einem Schlage zu jener tyrannischen Allmacht kommen, zu welcher es ihn so dunkel trieb. Mit eifersüchtigem, tiefspähendem Blicke mass er Alles, was Erfolg hatte, noch mehr sah er sich Den an, auf welchen gewirkt werden musste. Durch das zauberhafte Auge des Dramatikers, der in den Seelen wie in der ihm geläufigsten Schrift liest, ergründete er den Zuschauer und Zuhörer, und ob er auch oft bei diesem Verständniss unruhig wurde, griff er doch sofort nach den Mitteln, ihn zu bezwingen. Diese Mittel waren ihm zur Hand; was auf ihn stark wirkte, das wollte und konnte er auch machen; von seinen Vorbildern verstand er auf jeder Stufe ebensoviel als er auch selber bilden konnte, er zweifelte nie daran, Das auch zu können, was ihm gefiel. Vielleicht ist er hierin eine noch »praesumptuösere« Natur als Goethe, der von sich sagte: »immer dachte ich, ich hätte es schon; man hätte mir eine Krone aufsetzen können und ich hätte gedacht, Das verstehe sich von selbst.« Wagner's Können und sein »Geschmack« und ebenso seine Absicht – alles diess passte zu allen Zeiten so eng in einander, wie ein Schlüssel in ein Schloss: – es wurde mit einander gross und frei – aber damals war es diess nicht. Was gieng ihn die schwächliche, aber edlere und doch selbstisch-einsame Empfindung an, welche der oder jener litterarisch und ästhetisch erzogene Kunstfreund abseits von der grossen Menge hatte! Aber jene gewaltsamen Stürme der Seelen, welche von der grossen Menge bei einzelnen Steigerungen des dramatischen Gesanges erzeugt werden, jener plötzlich um sich greifende Rausch der Gemüther, ehrlich durch und durch und selbstlos – Das war der Wiederhall seines eigenen Erfahrens und Fühlens, dabei durchdrang ihn eine glühende Hoffnung auf höchste Macht und Wirkung! So verstand er denn die grosse Oper als sein Mittel, durch welches er seinen herrschenden Gedanken ausdrücken könnte; nach ihr drängte ihn seine Begierde, nach ihrer Heimath richtete sich sein Ausblick. Ein längerer Zeitraum seines Lebens, sammt den verwegensten Wandlungen seiner Pläne, Studien, Aufenthalte, Bekanntschaften, erklärt sich allein aus dieser Begierde und den äusseren Widerständen, denen der dürftige, unruhige, leidenschaftlich-naive deutsche Künstler begegnen musste. Wie man auf diesem Gebiete zum Herren werde, verstand ein anderer Künstler besser; und jetzt, da es allmählich bekannt geworden ist, durch welches überaus künstlich gesponnene Gewebe von Beeinflussungen aller Art Meyerbeer jeden seiner grossen Siege vorzubereiten und zu erreichen wusste und wie ängstlich die Abfolge der »Effecte« in der Oper selbst erwogen wurde, wird man auch den Grad von beschämter Erbitterung verstehen, welche über Wagner kam, als ihm über diese beinahe nothwendigen »Kunstmittel«, dem Publikum einen Erfolg abzuringen, die Augen geöffnet wurden. Ich zweifle, ob es einen grossen Künstler in der Geschichte gegeben hat, der mit einem so ungeheuren Irrthume anhob und so unbedenklich und treuherzig sich mit der empörendsten Gestaltung einer Kunst einliess: und doch war die Art, wie er es that, von Grösse und deshalb von erstaunlicher Fruchtbarkeit. Denn er begriff, aus der Verzweifelung des erkannten Irrthums heraus, den modernen Erfolg, das moderne Publikum und das ganze moderne Kunst-Lügenwesen. Indem er zum Kritiker des »Effectes« wurde, durchzitterten ihn die Ahnungen einer eigenen Läuterung. Es war, als ob von jetzt ab der Geist der Musik mit einem ganz neuen seelischen Zauber zu ihm redete. Wie wenn er aus einer langen Krankheit wieder an's Licht käme, traute er kaum mehr Hand und Auge, er schlich seines Wegs dahin; und so empfand er es als eine wundervolle Entdeckung, dass er noch Musiker, noch Künstler sei, ja dass er es jetzt erst geworden sei.

Jede weitere Stufe im Werden Wagner's wird dadurch bezeichnet, dass die beiden Grundkräfte seines Wesens sich immer enger zusammenschliessen: die Scheu der einen vor der anderen lässt nach, das höhere Selbst begnadet von da an den gewaltsamen irdischeren Bruder nicht mehr mit seinem Dienste, es *liebt* ihn und muss ihm dienen. Das Zarteste und Reinste ist endlich, am Ziele der Entwickelung, auch im Mächtigsten enthalten, der ungestüme Trieb geht seinen Lauf wie vordem, aber auf anderen Bahnen, dorthin, wo das höhere Selbst heimisch ist; und wiederum steigt dieses zur Erde herab und erkennt in allem Irdischen sein Gleichniss. Wenn es möglich wäre, in dieser Art vom letzten Ziele und Ausgange jener Entwickelung zu reden und noch verständlich zu bleiben, so dürfte auch die bildhafte Wendung zu finden sein, durch welche eine lange Zwischenstufe jener Entwickelung bezeichnet werden könnte; aber ich zweifle an jenem und versuche deshalb auch dieses nicht. Diese Zwischenstufe wird historisch durch zwei Worte gegen die frühere und spätere abgegränzt: Wagner wird zum *Revolutionär der Gesellschaft*, Wagner erkennt den einzigen bisherigen Künstler, *das dichtende Volk*. Der herrschende Gedanke, welcher nach jener grossen Verzweifelung und Busse in neuer Gestalt und mächtiger als je vor ihm erschien, führte ihn zu beidem. Wirkung, unvergleichliche Wirkung vom Theater aus! – aber auf wen? Ihm schauderte bei der Erinnerung, auf wen er bisher hatte wirken wollen. Von seinem Erlebniss aus verstand er die ganze schmachvolle Stellung, in welcher die Kunst und die Künstler sich befinden: wie eine seelenlose oder seelenharte Gesellschaft, welche sich die gute nennt und die eigentlich böse ist, Kunst und Künstler zu ihrem sclavischen Gefolge zählt, zur Befriedigung von Scheinbedürfnissen. Die moderne Kunst ist Luxus: Das begriff er ebenso wie das andere, dass sie mit dem Rechte einer Luxus-Gesellschaft stehe und falle. Nicht anders als diese durch die hartherzigste und klügste Benutzung ihrer Macht die Unmächtigen, das Volk, immer dienstbarer, niedriger und unvolksthümlicher zu machen und aus ihm den modernen »Arbeiter« zu schaffen wusste, hat sie auch dem Volke das Grösste und Reinste, was es aus tiefster Nöthigung sich erzeugte und worin es als der wahre und einzige Künstler seine Seele mildherzig mittheilte, seinen Mythus, seine Liedweise, seinen Tanz, seine Spracherfindung entzogen, um daraus ein wollüstiges Mittel gegen die Erschöpfung und die Langeweile ihres Daseins zu destilliren – die modernen Künste. Wie diese Gesellschaft entstand, wie sie aus den scheinbar entgegengesetzten Machtsphären sich neue Kräfte anzusaugen wusste, wie zum Beispiel das in Heuchelei und Halbheiten verkommene Christenthum sich zum Schutze gegen das Volk, als Befestigung jener Gesellschaft und ihres Besitzes, gebrauchen liess und wie Wissenschaft und Gelehrte sich nur zu geschmeidig in diesen Frohndienst begaben, Das alles verfolgte Wagner durch die Zeiten hin, um am Schlusse seiner Betrachtungen vor Ekel und Wuth aufzuspringen: er war aus Mitleid mit dem Volke zum Revolutionär geworden. Von jetzt ab liebte er es und sehnte sich nach ihm, wie er sich nach seiner Kunst sehnte, denn ach! nur in ihm, nur im entschwundenen, kaum mehr zu ahnenden, künstlich entrückten Volke sah er jetzt den einzigen Zuschauer und Zuhörer, welcher der Macht seines Kunstwerkes, wie er es sich träumte, würdig und gewachsen sein möchte. So sammelte sich sein Nachdenken um die Frage: Wie entsteht das Volk? Wie ersteht es wieder?.

Er fand immer nur eine Antwort: – wenn eine Vielheit dieselbe Noth litte, wie er sie leidet, Das wäre das Volk, sagte er sich. Und wo die gleiche Noth zum gleichen Drange und Begehren führen würde, müsste auch dieselbe Art der Befriedigung gesucht, das gleiche Glück in dieser Befriedigung gefunden werden. Sah er sich nun darnach um, was ihn selber in seiner Noth am tiefsten tröstete und aufrichtete, was seiner Noth am seelenvollsten entgegenkäme, so war er sich mit beseligender Gewissheit bewusst, dass diess nur der Mythus und die Musik seien, der Mythus, den er als Erzeugniss und Sprache der Noth des Volkes kannte, die Musik, ähnlichen obschon noch räthselvolleren Ursprungs. In diesen beiden Elementen badet und heilt er seine Seele, ihrer bedarf er am brünstigsten: – von da aus darf er zurückschliessen, wie verwandt seine Noth mit der des Volkes sei, als es entstand, und wie das Volk dann wieder erstehen müsse, wenn es viele Wagner geben werde. Wie lebten nun Mythus und Musik in unserer modernen Gesellschaft, soweit sie derselben nicht zum Opfer gefallen waren? Ein ähnliches Loos war ihnen zu Theil geworden, zum Zeugniss ihrer geheimnissvollen Zusammengehörigkeit: der Mythus war tief erniedrigt und entstellt, zum »Märchen«, zum spielerisch beglückenden Besitz der Kinder und Frauen des verkümmerten Volkes umgeartet, seiner wundervollen, ernst-heiligen Mannes-Natur gänzlich entkleidet; die Musik hatte sich unter den Armen und Schlichten, unter den Einsamen erhalten, dem deutschen Musiker war es nicht gelungen, sich mit Glück in den Luxus-Betrieb der Künste einzuordnen, er war selber zum ungethümlichen verschlossenen Märchen geworden, voll der rührendsten Laute und Anzeichen, ein unbehülflicher Frager, etwas ganz Verzaubertes und Erlösungsbedürftiges. Hier hörte der Künstler deutlich den Befehl, der an ihn allein ergieng – den Mythus in's Männliche zurückzuschaffen und die Musik zu entzaubern, zum Reden zu bringen: er fühlte seine Kraft zum Drama mit einem Male entfesselt, seine Herrschaft über ein noch unentdecktes Mittelreich zwischen Mythus und Musik begründet. Sein neues Kunstwerk, in welchem er alles Mächtige, Wirkungsvolle, Beseligende, was er kannte, zusammenschloss, stellte er jetzt mit seiner grossen schmerzlich einschneidenden Frage vor die Menschen hin: »Wo seid ihr, welche ihr gleich leidet und bedürft wie ich? Wo ist die Vielheit, welche ich als Volk ersehne? Ich will euch daran erkennen, dass ihr das gleiche Glück, den gleichen Trost mit mir gemein haben sollt: an eurer Freude soll sich mir euer Leiden offenbaren!« Mit dem Tannhäuser und dem Lohengrin fragte er also, sah er sich also nach Seinesgleichen um; der Einsame dürstete nach der Vielheit.

Aber wie wurde ihm zu Muthe? Niemand gab eine Antwort, Niemand hatte die Frage verstanden. Nicht dass man überhaupt stille geblieben wäre, im Gegentheil, man antwortete auf tausend Fragen, die er gar nicht gestellt hatte, man zwitscherte über die neuen Kunstwerke, als ob sie ganz eigentlich zum Zer-redet-werden geschaffen wären. Die ganze ästhetische Schreib- und Schwatzseligkeit brach wie ein Fieber unter den Deutschen aus, man mass und fingerte an den Kunstwerken, an der Person des Künstlers herum, mit jenem Mangel an Scham, welcher den deutschen Gelehrten nicht weniger, als den deutschen Zeitungsschreibern zu eigen ist. Wagner versuchte dem Verständniss seiner Frage durch Schriften nachzuhelfen: neue Verwirrung, neues Gesumme – ein Musiker, der schreibt und denkt, war aller Welt damals ein Unding; nun schrie man, es ist ein Theoretiker, welcher aus erklügelten Begriffen die Kunst umgestalten will, steinigt ihn! – Wagner war wie betäubt; seine Frage wurde nicht verstanden, seine Noth nicht empfunden, sein Kunstwerk sah einer Mittheilung an Taube und Blinde, sein – Volk einem Hirngespinste ähnlich; er taumelte und gerieth in's Schwanken. Die Möglichkeit eines völligen Umsturzes aller Dinge taucht vor seinen Blicken auf, er erschrickt nicht mehr über diese Möglichkeit: vielleicht ist jenseits der Umwälzung und Verwüstung eine neue Hoffnung aufzurichten, vielleicht auch nicht – und jedenfalls ist das Nichts besser, als das widerliche Etwas. In Kürze war er politischer Flüchtling und im Elend.

Und jetzt erst, gerade mit dieser furchtbaren Wendung seines äusseren und inneren Schicksals, beginnt der Abschnitt im Leben des grossen Menschen, auf dem das Leuchten höchster Meisterschaft wie der Glanz flüssigen Goldes liegt! Jetzt erst wirft der Genius der dithyrambischen Dramatik die letzte Hülle von sich! Er ist vereinsamt, die Zeit erscheint ihm nichtig, er hofft nicht mehr: so steigt sein Weltblick in die Tiefe, nochmals, und jetzt hinab bis zum Grunde: dort sieht er das Leiden im Wesen der Dinge und nimmt von jetzt ab, gleichsam unpersönlicher geworden, seinen Theil von Leiden stiller hin. Das Begehren nach höchster Macht, das Erbgut früherer Zustände, tritt ganz in's künstlerische Schaffen über; er spricht durch seine Kunst nur noch mit sich, nicht mehr mit einem Publicum oder Volke und ringt darnach, ihr die grösste Deutlichkeit und Befähigung für ein solches mächtigstes Zwiegespräch zu geben. Es war auch im Kunstwerke der vorhergehenden Periode noch anders: auch in ihm hatte er eine, wenngleich zarte und veredelte, Rücksicht auf sofortige Wirkung genommen: als Frage war jenes Kunstwerk ja gemeint, es sollte eine sofortige Antwort hervorrufen; und wie oft wollte Wagner es Denen, welche er fragte, erleichtern, ihn zu verstehen – so dass er ihnen und ihrer Ungeübtheit im Gefragtwerden entgegenkam und an ältere Formen und Ausdrucksmittel der Kunst sich anschmiegte; wo er fürchten musste, mit seiner eigensten Sprache nicht zu überzeugen und verständlich zu werden, hatte er versucht zu überreden und in einer halb fremden, seinen Zuhörern aber bekannteren Zunge seine Frage kund zu thun. Jetzt gab es nichts mehr, was ihn zu einer solchen Rücksicht hätte bestimmen können, er wollte jetzt nur noch Eins: sich mit sich verständigen, über das Wesen der Welt in Vorgängen denken, in Tönen philosophiren; der Rest des Absichtlichen in ihm geht auf die letzten Einsichten aus. Wer würdig ist zu wissen, was damals in ihm vorgieng, worüber er in dem heiligsten Dunkel seiner Seele mit sich Zwiesprache pflog – es sind nicht viele dessen würdig: der höre, schaue und erlebe Tristan und Isolde, das eigentliche opus metaphysicum aller Kunst, ein Werk, auf dem der gebrochene Blick eines Sterbenden liegt, mit seiner unersättlichen süssesten Sehnsucht nach den Geheimnissen der Nacht und des Todes, fern weg von dem Leben, welches als das Böse, Trügerische, Trennende in einer grausenhaften, gespenstischen Morgenhelle und Schärfe leuchtet: dabei ein Drama von der herbsten Strenge der Form, überwältigend in seiner schlichten Grösse und gerade nur so dem Geheimniss gemäss, von dem es redet, dem Todt-sein bei lebendigem Leibe, dem Eins-sein in der Zweiheit. Und doch ist noch Etwas wunderbarer als diess Werk: der Künstler selber, der nach ihm in einer kurzer Spanne Zeit ein Weltbild der verschiedensten Färbung, die Meistersinger von Nürnberg, schaffen konnte, ja der in beiden Werken gleichsam nur ausruhte und sich erquickte, um den vor ihnen entworfenen und begonnenen viertheiligen Riesenbau mit gemessener Eile zu Ende zu thürmen, sein Sinnen und Dichten durch zwanzig Jahre hindurch, sein Bayreuther Kunstwerk, den Ring des Nibelungen! Wer sich über die Nachbarschaft des Tristan und der Meistersinger befremdet fühlen kann, hat das Leben und Wesen aller wahrhaft grossen Deutschen in einem wichtigen Puncte nicht verstanden: er weiss nicht, auf welchem Grunde allein jene eigentlich und einzig deutsche Heiterkeit Luther's, Beethoven's und Wagner's erwachsen kann, die von anderen Völkern gar nicht verstanden wird und den jetzigen Deutschen selber abhanden gekommen scheint – jene goldhelle durchgegohrene Mischung von Einfalt, Tiefblick der Liebe, betrachtendem Sinne und Schalkhaftigkeit, wie sie Wagner als den köstlichsten Trank allen Denen eingeschenkt hat, welche tief am Leben gelitten haben und sich ihm gleichsam mit dem Lächeln der Genesenden wieder zukehren. Und wie er selber so versöhnter in die Welt blickte, seltener von Grimm und Ekel erfasst wurde, mehr in Trauer und Liebe auf Macht verzichtend als vor ihr zurückschaudernd, wie er so in Stille sein grösstes Werk förderte und Partitur neben Partitur legte, geschah Einiges, was ihn aufhorchen liess: die Freunde kamen, eine unterirdische Bewegung vieler Gemüther ihm anzukündigen – es war noch lange nicht das »Volk«, das sich bewegte und hier ankündigte, aber vielleicht der Keim und erste Lebensquell einer in ferner Zukunft vollendeten, wahrhaft menschlichen Gesellschaft; zunächst nur die Bürgschaft, dass sein grosses Werk einmal in Hand und Hut treuer Menschen gelegt werden könne, welche über dieses herrlichste Vermächtniss an die Nachwelt zu wachen hätten und zu wachen würdig wären; in der Liebe der Freunde wurden die Farben am Tage seines Lebens leuchtender und wärmer; seine edelste Sorge, gleichsam noch vor Abend mit seinem Werke an's Ziel zu kommen und für dasselbe eine Herberge zu finden, wurde nicht mehr von ihm allein gehegt. Und da begab sich ein Ereigniss, welches von ihm nur symbolisch verstanden werden konnte und für ihn einen neuen Trost, ein glückliches Wahrzeichen bedeutete. Ein grosser Krieg der Deutschen liess ihn aufblicken, derselben Deutschen, welche er so tief entartet, so abgefallen von dem hohen deutschen Sinne wusste, wie er ihn in sich und den anderen grossen Deutschen der Geschichte mit tiefstem Bewusstsein erforscht und erkannt hatte – er sah, dass diese Deutschen in einer ganz ungeheuren Lage zwei ächte Tugenden: schlichte Tapferkeit und Besonnenheit zeigten und begann mit innerstem Glücke zu glauben, dass er vielleicht doch nicht der letzte Deutsche sei und dass seinem Werke einmal noch eine gewaltigere Macht zur Seite stehen werde als die aufopfernde, aber geringe Kraft der wenigen Freunde, für jene lange Dauer, wo es seiner ihm vorherbestimmten Zukunft, als das Kunstwerk dieser Zukunft entgegenharren soll. Vielleicht, dass dieser Glaube sich nicht dauernd vor dem Zweifel schützen konnte, je mehr er sich besonders zu sofortigen Hoffnungen zu steigern suchte: genug, er empfand einen mächtigen Anstoss, um sich an eine noch unerfüllte hohe Pflicht erinnert zu fühlen.

Sein Werk wäre nicht fertig, nicht zu Ende gethan gewesen, wenn er es nur als schweigende Partitur der Nachwelt anvertraut hätte: er musste das Unerrathbarste, ihm Vorbehaltenste, den neuen Styl für seinen Vortrag, seine Darstellung öffentlich zeigen und lehren, um das Beispiel zu geben, welches kein Anderer geben konnte und so eine Styl-Ueberlieferung zu begründen, die nicht in Zeichen auf Papier, sondern in Wirkungen auf menschliche Seelen eingeschrieben ist. Diess war um so mehr für ihn zur ernstesten Pflicht geworden, als seine anderen Werke inzwischen, gerade in Beziehung auf Styl des Vortrags, das unleidlichste und absurdeste Schicksal gehabt hatten: sie waren berühmt, bewundert und wurden – gemisshandelt, und Niemand schien sich zu empören. Denn so seltsam die Thatsache klingen mag: während er auf Erfolg bei seinen Zeitgenossen, in einsichtigster Schätzung derselben, immer grundsätzlicher verzichtete und dem Gedanken der Macht entsagte, kam ihm der »Erfolg« und die »Macht«; wenigstens erzählte ihm alle Welt davon. Es half Nichts, dass er auf das Entschiedenste das durchaus Missverständliche, ja für ihn Beschämende jener »Erfolge« immer wieder an's Licht stellte; man war so wenig daran gewöhnt, einen Künstler in der Art seiner Wirkungen streng unterscheiden zu sehen, dass man selbst seinen feierlichsten Verwahrungen nicht einmal recht traute. Nachdem ihm der Zusammenhang unseres heutigen Theaterwesens und Theatererfolges mit dem Charakter des heutigen Menschen aufgegangen war, hatte seine Seele Nichts mehr mit diesem Theater zu schaffen; um ästhetische Schwärmerei und den Jubel aufgeregter Massen war es ihm nicht mehr zu thun, ja es musste ihn ergrimmen, seine Kunst so unterschiedlos in den gähnenden Rachen der unersättlichen Langenweile und Zerstreuungs-Gier eingehen zu sehen. Wie flach und gedanken-bar hier jede Wirkung sein musste, wie es hier wirklich mehr auf die Füllung eines Nimmersatten, als auf die Ernährung eines Hungernden ankäme, schloss er zumal aus einer regelmässigen Erscheinung: man nahm überall auch von Seiten der Aufführenden und Vortragenden seine Kunst wie jede andere Bühnenmusik hin, nach dem widerlichen Recepitir-Buche des Opernstyles, ja man schnitt und hackte sich seine Werke, Dank den gebildeten Kapellmeistern, geradewegs zur Oper zurecht, wie der Sänger ihnen erst nach sorgfältiger Entgeistung beizukommen glaubte; und wenn man es recht gut machen wollte, gieng man mit einer Ungeschicklichkeit und einer prüden Beklemmung auf Wagner's Vorschriften ein, ungefähr so, als ob man den nächtlichen Volks-Auflauf in den Strassen Nürnberg's, wie er im zweiten Acte der Meistersinger vorgeschrieben ist, durch künstlich figurirende Ballettänzer darstellen wollte: – und bei alledem schien man im guten Glauben, ohne böse Nebenabsichten zu handeln. Wagner's aufopfernde Versuche, durch die That und das Beispiel nur wenigstens auf schlichte Correctheit und Vollständigkeit der Aufführung hinzuweisen und einzelne Sänger in den ganz neuen Styl des Vortrags einzuführen, waren immer wieder vom

Schlamm der herrschenden Gedankenlosigkeit und Gewohnheit weggeschwemmt worden; sie hatten ihn überdiess immer zu einem Befassen mit eben dem Theater genöthigt, dessen ganzes Wesen ihm zum Ekel geworden war. Hatte doch selbst Goethe die Lust verloren, den Aufführungen seiner Iphigenie beizuwohnen, »ich leide entsetzlich, hatte er zur Erklärung gesagt, wenn ich mich mit diesen Gespenstern herumschlagen muss, die nicht so zur Erscheinung kommen wie sie sollten.« Dabei nahm der »Erfolg« an diesem ihm widerlich gewordenen Theater immer zu; endlich kam es dahin, dass gerade die grossen Theater fast zumeist von den fetten Einnahmen lebten, welche die Wagnerische Kunst in ihrer Verunstaltung als Opernkunst ihnen eintrug. Die Verwirrung über diese wachsende Leidenschaft des Theater-Publikums ergriff selbst manche Freunde Wagner's: er musste das Herbste erdulden – der grosse Dulder! – und seine Freunde von »Erfolgen« und »Siegen« berauscht sehen, wo sein einzig-hoher Gedanke gerade mitten hindurch zerknickt und verleugnet war. Fast schien es, als ob ein in vielen Stücken ernsthaftes und schweres Volk sich in Bezug auf seinen ernstesten Künstler eine grundsätzliche Leichtfertigkeit nicht verkümmern lassen wollte, als ob sich gerade deshalb an ihm alles Gemeine, Gedankenlose, Ungeschickte und Boshafte des deutschen Wesens auslassen müsste. – Als sich nun während des deutschen Krieges eine grossartigere, freiere Strömung der Gemüther zu bemächtigen schien, erinnerte sich Wagner seiner Pflicht der Treue, um wenigstens sein grösstes Werk vor diesen missverständlichen Erfolgen und Beschimpfungen zu retten und es in seinem eigensten Rhythmus, zum Beispiel für alle Zeiten hinzustellen: so erfand er den Gedanken von Bayreuth. Im Gefolge jener Strömung der Gemüther glaubte er auch auf der Seite Derer, welchen er seinen kostbarsten Besitz anvertrauen wollte, ein erhöhteres Gefühl von Pflicht erwachen zu sehen: – aus dieser

Doppelseitigkeit von Pflichten erwuchs das Ereigniss, welches wie ein fremdartiger Sonnenglanz auf der letzten und nächsten Reihe von Jahren liegt: zum Heile einer fernen, einer nur möglichen, aber unbeweisbaren Zukunft ausgedacht, für die Gegenwart und die nur gegenwärtigen Menschen nicht viel mehr, als ein Räthsel oder ein Greuel, für die Wenigen, die an ihm helfen durften, ein Vorgenuss, ein Vorausleben der höchsten Art, durch welches sie weit über ihre Spanne Zeit sich beseligt, beseligend und fruchtbar wissen, für Wagner selbst eine Verfinsterung von Mühsal, Sorge, Nachdenken, Gram, ein erneutes Wüthen der feindseligen Elemente, aber Alles überstrahlt von dem Sterne der selbstlosen Treue, und, in diesem Lichte, zu einem unsäglichen Glücke umgewandelt!

Man braucht es kaum auszusprechen: es liegt der Hauch des Tragischen auf diesem Leben. Und Jeder, der aus seiner eigenen Seele Etwas davon ahnen kann, Jeder, für den der Zwang einer tragischen Täuschung über das Lebensziel, das Umbiegen und Brechen der Absichten, das Verzichten und Gereinigt-werden durch Liebe keine ganz fremden Dinge sind, muss in Dem, was Wagner uns jetzt im Kunstwerke zeigt, ein traumhaftes Zurückerinnern an das eigene heldenhafte Dasein des grossen Menschen fühlen. Ganz von ferne her wird uns zu Muthe sein, als ob Siegfried von seinen Thaten erzählte: im rührendsten Glück des Gedenkens webt die tiefe Trauer des Spätsommers, und alle Natur liegt still in gelbem Abendlichte. –

9.

Darüber nachzudenken, was Wagner, der Künstler, ist und an dem Schauspiele eines wahrhaft frei gewordenen Könnens und Dürfens betrachtend vorüberzugehen: Das wird Jeder zu seiner Heilung und Erholung nöthig haben, der darüber, wie Wagner, der Mensch, wurde, gedacht und gelitten hat. Ist die Kunst überhaupt eben nur das Vermögen, Das an Andere mitzutheilen, was man erlebt hat, widerspricht jedes Kunstwerk sich selbst, wenn es sich nicht zu verstehen geben kann: so muss die Grösse Wagner's, des Künstlers, gerade in jener dämonischen Mittheilbarkeit seiner Natur bestehen, welche gleichsam in allen Sprachen von sich redet und das innere, eigenste Erlebniss mit der höchsten Deutlichkeit erkennen lässt; sein Auftreten in der Geschichte der Künste gleicht einem vulcanischen Ausbruche des gesammten ungetheilten Kunstvermögens der Natur selber, nachdem die Menschheit sich an den Anblick der Vereinzelung der Künste wie an eine Regel gewöhnt hatte. Man kann deshalb schwanken, welchen Namen man ihm beilegen solle, ob er Dichter oder Bildner oder Musiker zu nennen sei, jedes Wort in einer ausserordentlichen Erweiterung seines Begriffs genommen, oder ob erst ein neues Wort für ihn geschaffen werden müsse.

Das Dichterische in Wagner zeigt sich darin, dass er in sichtbaren und fühlbaren Vorgängen, nicht in Begriffen denkt, das heisst, dass er mythisch denkt, so wie immer das Volk gedacht hat. Dem Mythus liegt nicht ein Gedanke zu Grunde, wie die Kinder einer verkünstelten Cultur vermeinen, sondern er selber ist ein Denken; er theilt eine Vorstellung von der Welt mit, aber in der Abfolge von Vorgängen, Handlungen und Leiden. Der Ring des Nibelungen ist ein ungeheures Gedankensystem ohne die begriffliche Form des Gedankens. Vielleicht könnte ein Philosoph etwas ganz Entsprechendes ihm zur Seite stellen, das ganz ohne Bild und Handlung wäre und blos in Begriffen zu uns spräche: dann hätte man das Gleiche in zwei disparaten Sphären dargestellt: einmal für das Volk und einmal für den Gegensatz des Volkes, den theoretischen Menschen. An diesen wendet sich also Wagner nicht; denn der theoretische Mensch versteht von dem eigentlich Dichterischen, dem Mythus, gerade soviel, als ein Tauber von der Musik, das heisst,

Beide sehen eine ihnen sinnlos scheinende Bewegung. Aus der einen von jenen disparaten Sphären kann man in die andere nicht hineinblicken: so lange man im Banne des Dichters ist, denkt man mit ihm, als sei man nur ein fühlendes, sehendes und hörendes Wesen; die Schlüsse, welche man macht, sind die Verknüpfungen der Vorgänge, die man sieht, also thatsächliche Causalitäten, keine logischen.

Wenn die Helden und Götter solcher mythischen Dramen, wie Wagner sie dichtet, nun auch in Worten sich deutlich machen sollen, so liegt keine Gefahr näher, als dass diese Wortsprache in uns den theoretischen Menschen aufweckt und dadurch uns in eine andere, unmythische Sphäre hinüberhebt: so dass wir zuletzt durch das Wort nicht etwan deutlicher verstanden hätten, was vor uns vorgieng, sondern gar Nichts verstanden hätten. Wagner zwang deshalb die Sprache in einen Urzustand zurück, wo sie fast noch Nichts in Begriffen denkt, wo sie noch selber Dichtung, Bild und Gefühl ist; die Furchtlosigkeit, mit der Wagner an diese ganz erschreckende Aufgabe gieng, zeigt, wie gewaltsam er von dem dichterischen Geiste geführt wurde, als Einer, der folgen muss, wohin auch sein gespenstischer Führer den Weg nimmt. Man sollte jedes Wort dieser Dramen singen können, und Götter und Helden sollten es in den Mund nehmen: Das war die ausserordentliche Anforderung, welche Wagner an seine sprachliche Phantasie stellte. Jeder Andere hätte dabei verzagen müssen; denn unsere Sprache scheint fast zu alt und zu verwüstet zu sein, als dass man von ihr hätte verlangen dürfen, was Wagner verlangte: und doch rief sein Schlag gegen den Felsen eine reichliche Quelle hervor. Gerade Wagner hat, weil er diese Sprache mehr liebte und mehr von ihr forderte, auch mehr als ein anderer Deutscher an ihrer Entartung und Schwächung gelitten, also an den vielfältigen Verlusten und Verstümmelungen der Formen, an dem schwerfälligen Partikelwesen unserer Satzfügung, an den unsingbaren Hülfszeitwörtern: – alles Dieses sind ja Dinge, welche durch Sünden und Verlotterungen in die Sprache hineingekommen sind. Dagegen empfand er mit tiefem Stolze die auch jetzt noch vorhandene Ursprünglichkeit und Unerschöpflichkeit dieser Sprache, die tonvolle Kraft ihrer Wurzeln, in welchen er, im Gegensatz zu den höchst abgeleiteten, künstlich rhetorischen Sprachen der romanischen Stämme, eine wunderbare Neigung und Vorbereitung zur Musik, zur wahren Musik ahnte. Es geht eine Lust an dem Deutschen durch Wagner's Dichtung, eine Herzlichkeit und Freimüthigkeit im Verkehre mit ihm, wie so Etwas, ausser bei Goethe, bei keinem Deutschen sich nachfühlen lässt. Leiblichkeit des Ausdruckes, verwegene Gedrängtheit, Gewalt und rhythmische Vielartigkeit, ein merkwürdiger Reichthum an starken und bedeutenden Wörtern, Vereinfachung der Satzgliederung, eine fast einzige Erfindsamkeit in der Sprache des wogenden Gefühls und der Ahnung, eine mitunter ganz rein sprudelnde Volksthümlichkeit und Sprüchwörtlichkeit – solche Eigenschaften würden aufzuzählen sein, und doch wäre dann immer noch die mächtigste und bewunderungswürdigste vergessen. Wer hinter einander zwei solche Dichtungen wie Tristan und die Meistersinger liest, wird in Hinsicht auf die Wortsprache ein ähnliches Erstaunen und Zweifeln empfinden, wie in Hinsicht auf die Musik: wie es nämlich möglich war, über zwei Welten, so verschieden an Form, Farbe, Fügung, als an Seele, schöpferisch zu gebieten. Diess ist das Mächtigste an der Wagnerischen Begabung, Etwas, das – allein dem grossen Meister gelingen wird: für jedes Werk eine neue Sprache auszuprägen und der neuen Innerlichkeit auch einen neuen Leib, einen neuen Klang zu geben. Wo eine solche allerseltenste Macht sich äussert, wird der Tadel immer nur kleinlich und unfruchtbar bleiben, welcher sich auf einzelnes Uebermüthige und Absonderliche, oder auf die häufigeren

Dunkelheiten des Ausdruckes und Umschleierungen des Gedankens bezieht. Ueberdiess war Denen, welche bisher am lautesten getadelt haben, im Grunde nicht sowohl die Sprache als die Seele, die ganze Art zu leiden und zu empfinden, anstössig und unerhört. Wir wollen warten, bis Diese selber eine andere Seele haben, dann werden sie selber auch eine andere Sprache sprechen: und dann wird es, wie mir scheint, auch mit der deutschen Sprache im Ganzen besser stehen, als es jetzt steht.

Vor Allem aber sollte Niemand, der über Wagner, den Dichter und Sprachbildner, nachdenkt, vergessen, dass keines der Wagnerischen Dramen bestimmt ist gelesen zu werden und also nicht mit den Forderungen behelligt werden darf, welche an das Wortdrama gestellt werden. Dieses will allein durch Begriffe und Worte auf das Gefühl wirken; mit dieser Absicht gehört es unter die Botmässigkeit der Rhetorik. Aber die Leidenschaft im Leben ist selten beredt: im Wortdrama muss sie es sein, um überhaupt sich auf irgend eine Art mitzutheilen. Wenn aber die Sprache eines Volkes sich schon im Zustande des Verfalls und der Abnutzung befindet, so kommt der Wortdramatiker in die Versuchung, Sprache und Gedanken ungewöhnlich aufzufärben und umzubilden; er will die Sprache heben, damit sie wieder das gehobene Gefühl hervorklingen lasse, und geräth dabei in die Gefahr, gar nicht verstanden zu werden. Ebenso sucht er der Leidenschaft durch erhabene Sinnsprüche und Einfälle Etwas von Höhe mitzutheilen und verfällt dadurch wieder in eine andere Gefahr: er erscheint unwahr und künstlich. Denn die wirkliche Leidenschaft des Lebens spricht nicht in Sentenzen und die dichterische erweckt leicht Misstrauen gegen ihre Ehrlichkeit, wenn sie sich wesentlich von dieser Wirklichkeit unterscheidet. Dagegen giebt Wagner, der Erste, welcher die inneren Mängel des Wortdrama's erkannt hat, jeden dramatischen Vorgang in einer dreifachen Verdeutlichung, durch Wort, Gebärde und Musik;

und zwar überträgt die Musik die Grundregungen im Innern der darstellenden Personen des Drama's unmittelbar auf die Seelen der Zuhörer, welche jetzt in den Gebärden derselben Personen die erste Sichtbarkeit jener inneren Vorgänge und in der Wortsprache noch eine zweite abgeblasstere Erscheinung derselben, übersetzt in das bewusstere Wollen, wahrnehmen. Alle diese Wirkungen erfolgen gleichzeitig und durchaus ohne sich zu stören, und zwingen Den, welchem ein solches Drama vorgeführt wird, zu einem ganz neuen Verstehen und Miterleben, gleich als ob seine Sinne auf ein Mal vergeistigter und sein Geist versinnlichter geworden wäre, und als ob Alles, was aus dem Menschen heraus will und nach Erkenntniss dürstet, sich jetzt in einem Jubel des Erkennens frei und selig befände. Weil jeder Vorgang eines Wagnerischen Drama's sich mit der höchsten Verständlichkeit dem Zuschauer mittheilt, und zwar durch die Musik von Innen heraus erleuchtet und durchglüht, konnte sein Urheber aller der Mittel entrathen, welche der Wortdichter nöthig hat, um seinen Vorgängen Wärme und Leuchtkraft zu geben. Der ganze Haushalt des Drama's durfte einfacher sein, der rhythmische Sinn des Baumeisters konnte es wieder wagen, sich in den grossen Gesammtverhältnissen des Baues zu zeigen; denn es fehlte zu jener absichtlichen Verwickelung und verwirrenden Vielgestaltigkeit des Baustyls jetzt jede Veranlassung, durch welche der Wortdichter zu Gunsten seines Werkes das Gefühl der Verwunderung und des angespannten Interesses zu erreichen strebt, um diess dann zu dem Gefühl des beglückten Staunens zu steigern. Der Eindruck der idealisirenden Ferne und Höhe war nicht erst durch Kunstgriffe herbeizuschaffen. Die Sprache zog sich aus einer rhetorischen Breite in die Geschlossenheit und Kraft einer Gefühlsrede zurück; und trotzdem, dass der darstellende Künstler viel weniger, als früher, über Das sprach, was er im Schauspiel that und empfand, zwangen jetzt innerliche Vorgänge, welche die Angst des Wortdramatikers vor dem angeblich Undramatischen bisher von der Bühne fern gehalten hat, den Zuhörer zum leidenschaftlichen Miterleben, während die begleitende Gebärdensprache nur in der zartesten Modulation sich zu äussern brauchte. Nun ist überhaupt die gesungene Leidenschaft in der Zeitdauer um Etwas länger, als die gesprochene; die Musik streckt gleichsam die Empfindung aus: daraus folgt im Allgemeinen, dass der darstellende Künstler, welcher zugleich Sänger ist, die allzu grosse unplastische Aufgeregtheit der Bewegung, an welcher das aufgeführte Wortdrama leidet, überwinden muss. Er sieht sich zu einer Veredelung der Gebärde hingezogen, um so mehr, als die Musik seine Empfindung in das Bad eines reineren Aethers eingetaucht und dadurch unwillkürlich der Schönheit näher gebracht hat.

Die ausserordentlichen Aufgaben, welche Wagner den Schauspielern und Sängern gestellt hat, werden auf ganze Menschenalter hin einen Wetteifer unter ihnen entzünden, um endlich das Bild jedes Wagnerischen Helden in der leiblichsten Sichtbarkeit und Vollendung zur Darstellung zu bringen: so wie diese vollendete Leiblichkeit in der Musik des Drama's schon vorgebildet liegt. Diesem Führer folgend, wird zuletzt das Auge des plastischen Künstlers die Wunder einer neuen Schauwelt sehen, welche vor ihm allein der Schöpfer solcher Werke, wie der Ring des Nibelungen ist, zum ersten Mal erblickt hat: als ein Bildner höchster Art, welcher wie Aeschylus einer kommenden Kunst den Weg zeigt. Müssen nicht schon durch die Eifersucht grosse Begabungen geweckt werden, wenn die Kunst des Plastikers ihre Wirkung mit der einer Musik vergleicht, wie die Wagnerische ist: in welcher es reinstes, sonnenhellstes Glück giebt; so dass Dem, welcher sie hört, zu Muthe wird, als ob fast alle frühere Musik eine veräusserlichte, befangene, unfreie Sprache geredet hätte, als ob man mit ihr bisher hätte ein Spiel spielen wollen, vor Solchen, welche des Ernstes nicht würdig waren, oder als ob mit ihr gelehrt und demonstrirt werden sollte, vor Solchen, welche nicht einmal des Spieles würdig sind. Durch diese frühere Musik dringt nur auf kurze Stunden jenes Glück in uns ein, welches wir immer bei Wagnerischer Musik empfinden: es scheinen seltene Augenblicke der Vergessenheit, welche sie gleichsam überfallen, wo sie mit sich allein redet und den Blick aufwärts richtet, wie Rafael's Caecilia, weg von den Hörern, welche Zerstreuung, Lustbarkeit oder Gelehrsamkeit von ihr fordern.

Von Wagner, dem Musiker, wäre im Allgemeinen zu sagen, dass er Allem in der Natur, was bis jetzt nicht reden wollte, eine Sprache gegeben hat: er glaubt nicht daran, dass es etwas Stummes geben müsse. Er taucht auch in Morgenröthe, Wald, Nebel, Kluft, Bergeshöhe, Nachtschauer, Mondesglanz hinein und merkt ihnen ein heimliches Begehren ab: sie wollen auch tönen. Wenn der Philosoph sagt, es ist Ein Wille, der in der belebten und unbelebten Natur nach Dasein dürstet, so fügt der Musiker hinzu: und dieser Wille will, auf allen Stufen, ein tönendes Dasein.

Die Musik hatte vor Wagner im Ganzen enge Gränzen; sie bezog sich auf bleibende Zustände des Menschen, auf Das, was die Griechen Ethos nennen, und hatte mit Beethoven eben erst begonnen, die Sprache des Pathos, des leidenschaftlichen Wollens, der dramatischen Vorgänge im Innern des Menschen, zu finden. Ehedem sollte eine Stimmung, ein gefasster oder heiterer oder andächtiger oder bussfertiger Zustand sich durch Töne zu erkennen geben, man wollte durch eine gewisse auffallende Gleichartigkeit der Form und durch die längere Andauer dieser Gleichartigkeit den Zuhörer zur Deutung dieser Musik nöthigen und endlich in die gleiche Stimmung versetzen. Allen solchen Bildern von Stimmungen und Zuständen waren einzelne Formen nothwendig; andere wurden durch Convention in ihnen üblich. Ueber die Länge entschied die

Vorsicht des Musikers, welcher den Zuhörer wohl in eine Stimmung bringen, aber nicht durch allzu lange Andauer derselben langweilen wollte. Man gieng einen Schritt weiter, als man die Bilder entgegengesetzter Stimmungen nach einander entwarf und den Reiz des Contrastes entdeckte, und noch einen Schritt, als dasselbe Tonstück in sich einen Gegensatz des Ethos', zum Beispiel durch das Widerstreben eines männlichen und eines weiblichen Thema's, aufnahm. Diess alles sind noch rohe und uranfängliche Stufen der Musik. Die Furcht vor der Leidenschaft giebt die einen, die vor der Langenweile die anderen Gesetze; alle Vertiefungen und Ausschreitungen des Gefühls wurden als »unethisch« empfunden. Nachdem aber die Kunst des Ethos' dieselben gewöhnlichen Zustände und Stimmungen in hundertfacher Wiederholung dargestellt hatte, gerieth sie, trotz der wunderbarsten Erfindsamkeit ihrer Meister, endlich in Erschöpfung. Beethoven zuerst liess die Musik eine neue Sprache, die bisher verbotene Sprache der Leidenschaft, reden: weil aber seine Kunst aus den Gesetzen und Conventionen der Kunst des Ethos' herauswachsen und versuchen musste, sich gleichsam vor jener zu rechtfertigen, so hatte sein künstlerisches Werden eine eigenthümliche Schwierigkeit und Undeutlichkeit an sich. Ein innerer, dramatischer Vorgang – denn jede Leidenschaft hat einen dramatischen Verlauf – wollte sich zu einer neuen Form hindurchringen, aber das überlieferte Schema der Stimmungsmusik widersetzte sich und redete beinah mit der Miene der Moralität wider ein Aufkommen der Unmoralität. Es scheint mitunter so, als ob Beethoven sich die widerspruchsvolle Aufgabe gestellt habe, das Pathos mit den Mitteln des Ethos' sich aussprechen zu lassen. Für die grössten und spätesten Werke Beethoven's reicht aber diese Vorstellung nicht aus. Um den grossen geschwungenen Bogen einer Leidenschaft wiederzugeben, fand er wirklich ein neues Mittel: er nahm einzelne Puncte ihrer Flugbahn heraus und deutete sie mit der grössten Bestimmtheit an, um aus ihnen dann die ganze Linie durch den Zuhörer errathen zu lassen. Aeusserlich betrachtet, nahm sich die neue Form aus, wie die Zusammenstellung mehrerer Tonstücke, von denen jedes einzelne scheinbar einen beharrenden Zustand, in Wahrheit aber einen Augenblick im dramatischen Verlauf der Leidenschaft darstellte. Der Zuhörer konnte meinen, die alte Musik der Stimmung zu hören, nur dass das Verhältniss der einzelnen Theile zu einander ihm unfasslich geworden war und sich nicht mehr nach dem Kanon des Gegensatzes deuten liess. Selbst bei Musikern stellte sich eine Geringschätzung gegen die Forderung eines künstlerischen Gesammtbaues ein; die Folge der Theile in ihren Werken wurde willkürlich. Die Erfindung der grossen Form der Leidenschaft führte durch ein Missverständniss auf den Einzelsatz mit beliebigem Inhalte zurück, und die Spannung der Theile gegen einander hörte ganz auf. Deshalb ist die Symphonie nach Beethoven ein so wunderlich undeutliches Gebilde, namentlich wenn sie im Einzelnen noch die Sprache des Beethoven'schen Pathos' stammelt. Die Mittel passen nicht zur Absicht und die Absicht im Ganzen wird dem Zuhörer überhaupt nicht klar, weil sie auch im Kopfe des Urhebers niemals klar gewesen ist. Gerade aber die Forderung, dass man etwas ganz Bestimmtes zu sagen habe und dass man es auf das Deutlichste sage, wird um so unerlässlicher, je höher, schwieriger und anspruchsvoller eine Gattung ist.

Deshalb war Wagner's ganzes Ringen darauf aus, alle Mittel zu finden, welche der Deutlichkeit dienen; vor Allem hatte er dazu nöthig, sich von allen Befangenheiten und Ansprüchen der älteren Musik der Zustände loszubinden und seiner Musik, dem tönenden Processe des Gefühls und der Leidenschaft, eine gänzlich unzweideutige Rede in den Mund zu legen. Schauen wir auf Das hin, was er erreicht hat, so ist uns, als ob er im Bereiche der Musik das Gleiche gethan habe, was im Bereiche der Plastik der Erfinder der Freigruppe that. Alle frühere Musik scheint, an der Wagnerischen gemessen, steif oder ängstlich, als ob man sie nicht von allen Seiten ansehen dürfe und sie sich schäme. Wagner ergreift jeden Grad und jede Farbe des Gefühls mit der grössten Festigkeit und Bestimmtheit; er nimmt die zarteste, entlegenste und wildeste Regung, ohne Angst sie zu verlieren, in die Hand, und hält sie wie etwas Hart- und Festgewordenes, wenn auch Jedermann sonst in ihr einen unangreifbaren Schmetterling sehen sollte. Seine Musik ist niemals unbestimmt, stimmungshaft; Alles, was durch sie redet, Mensch oder Natur, hat eine streng individualisirte Leidenschaft; Sturm und Feuer nehmen bei ihm die zwingende Gewalt eines persönlichen Willens an. Ueber allen den tönenden Individuen und dem Kampfe ihrer Leidenschaften, über dem ganzen Strudel von Gegensätzen, schwebt, mit höchster Besonnenheit, ein übermächtiger symphonischer Verstand, welcher aus dem Kriege fortwährend die Eintracht gebiert: Wagner's Musik als Ganzes ist ein Abbild der Welt, sowie diese von dem grossen ephesischen Philosophen verstanden wurde, als eine Harmonie, welche der Streit aus sich zeugt, als die Einheit von Gerechtigkeit und Feindschaft. Ich bewundere die Möglichkeit, aus einer Mehrzahl von Leidenschaften, welche nach verschiedenen Richtungen hin laufen, die grosse Linie einer Gesammtleidenschaft zu berechnen: dass so Etwas möglich ist, sehe ich durch jeden einzelnen Act eines Wagnerischen Drama's bewiesen, welcher neben einander die Einzelgeschichte verschiedener Individuen und eine Gesammtgeschichte aller erzählt. Wir spüren es schon zu Anfang, dass wir widerstrebende einzelne Strömungen, aber auch über alle mächtig, einen Strom mit Einer gewaltigen Richtung vor uns haben: dieser Strom bewegt sich zuerst unruhig, über verborgene Felsenzacken hinweg, die Fluth scheint mitunter aus einander zu reissen, nach verschiedenen Richtungen hin zu wollen. Allmählich bemerken wir, dass die innere Gesammtbewegung gewaltiger, fortreissender geworden ist; die zuckende Unruhe ist in die Ruhe der breiten furchtbaren Bewegung nach einem noch unbekannten Ziele übergegangen; und plötzlich, am Schluss, stürzt der Strom hinunter in die Tiefe, in seiner ganzen Breite, mit einer dämonischen Lust an Abgrund und Brandung. Nie ist Wagner mehr Wagner, als wenn die Schwierigkeiten sich verzehnfachen und er in ganz grossen Verhältnissen mit der Lust des Gesetzgebers walten kann. Ungestüme, widerstrebende Massen zu einfachen Rhythmen bändigen, durch eine verwirrende Mannichfaltigkeit von Ansprüchen und Begehrungen, Einen Willen durchführen – Das sind die Aufgaben, zu welchen er sich geboren, in welchen er seine Freiheit fühlt. Nie verliert er dabei den Athem, nie kommt er keuchend an sein Ziel. Er hat ebenso unablässig darnach gestrebt, sich die schwersten Gesetze aufzuerlegen, als Andere nach Erleichterung ihrer Last trachten; das Leben und die Kunst drücken ihn, wenn er nicht mit ihren schwierigsten Problemen spielen kann. Man erwäge nur einmal das Verhältniss der gesungenen Melodie zur Melodie der ungesungenen Rede – wie er die Höhe, die Stärke und das Zeitmaass des leidenschaftlich sprechenden Menschen als Naturvorbild behandelt, das er in Kunst umzuwandeln hat: – man erwäge dann wiederum die Einordnung einer solchen singenden Leidenschaft in den ganzen symphonischen Zusammenhang der Musik, um ein Wunderding von überwundenen Schwierigkeiten kennen zu lernen; seine Erfindsamkeit hierbei, im Kleinen und Grossen, die Allgegenwart seines Geistes und seines Fleisses ist der Art, dass man beim Anblick einer Wagnerischen Partitur glauben möchte, es habe vor ihm gar keine rechte Arbeit und Anstrengung gegeben. Es scheint, dass er auch in Bezug auf die Mühsal der Kunst hätte sagen können, die eigentliche Tugend des Dramatikers bestehe in der Selbstentäusserung, aber er würde wahrscheinlich entgegnen: es giebt nur Eine Mühsal, die des noch nicht Freigewordenen; die Tugend und das Gute sind leicht.

Als Künstler im Ganzen betrachtet, so hat Wagner, um an einen bekannteren Typus zu erinnern, Etwas von Demosthenes an sich: den furchtbaren Ernst um die Sache und die Gewalt des Griffs, so dass er jedesmal die Sache fasst; er schlägt seine Hand darum, im Augenblick, und sie hält fest, als ob sie aus Erz wäre. Er verbirgt wie Jener seine Kunst oder macht sie vergessen, indem er zwingt, an die Sache zu denken; und doch ist er, gleich Demosthenes, die letzte und höchste Erscheinung hinter einer ganzen Reihe von gewaltigen Kunstgeistern, und hat folglich mehr zu verbergen, als die Ersten der Reihe; seine Kunst wirkt als Natur, als hergestellte, wiedergefundene Natur. Er trägt nichts Epideiktisches an sich, was alle früheren Musiker haben, welche gelegentlich mit ihrer Kunst auch ein Spiel treiben und ihre Meisterschaft zur Schau stellen. Man denkt bei dem Wagnerischen Kunstwerke weder an das Interessante, noch das Ergötzliche, noch an Wagner selbst, noch an die Kunst überhaupt: man fühlt allein das N o t h w e n d i g e. Welche Strenge und Gleichmässigkeit des Willens, welche Selbstüberwindung der Künstler in der Zeit seines Werdens nöthig hatte, um zuletzt, in der Reife, mit freudiger Freiheit in jedem Augenblick des Schaffens das Nothwendige zu thun, Das wird ihm niemals Jemand nachrechnen können: genug, wenn wir es an einzelnen Fällen spüren, wie seine Musik sich mit einer gewissen Grausamkeit des Entschlusses dem Gange des Drama's, der wie das Schicksal unerbittlich ist, unterwirft, während die feurige Seele dieser Kunst darnach lechzt, einmal ohne alle Zügel in der Freiheit und Wildniss umherzuschweifen.

10.

Ein Künstler, welcher diese Gewalt über sich hat, unterwirft sich, selbst ohne es zu wollen, alle anderen Künstler. Ihm allein wiederum werden die Unterworfenen, seine Freunde und Anhänger nicht zur Gefahr, zur Schranke: während die geringeren Charaktere, weil sie sich auf die Freunde zu stützen suchen, durch sie ihre Freiheit einzubüssen pflegen. Es ist höchst wunderbar anzusehen, wie Wagner sein Leben lang jeder Gestaltung von Parteien ausgewichen ist, wie sich aber hinter jeder Phase seiner Kunst ein Kreis von Anhängern zusammenschloss, scheinbar, um ihn nun auf dieser Phase festzuhalten. Er gieng immer mitten durch sie hindurch und liess sich nicht binden; sein Weg ist überdiess zu lang gewesen, als dass ein Einzelner so leicht ihn von Anfang an hätte mitgehen können: und so ungewöhnlich und steil, dass auch dem Treuesten wohl einmal der Athem ausgieng. Fast zu allen Lebenszeiten Wagner's hätten ihn seine Freunde gern dogmatisiren mögen; und ebenfalls, obwohl aus anderen Gründen, seine Feinde. Wäre die Reinheit seines künstlerischen Charakters nur um einen Grad weniger entschieden gewesen, so hätte er viel zeitiger zum entscheidenden Herrn der gegenwärtigen Kunst- und Musikzustände werden können: – was er jetzt endlich auch geworden ist, aber in dem viel höheren Sinne, dass Alles, was auf irgend einem Gebiete der Kunst vorgeht, sich unwillkürlich vor den Richterstuhl seiner Kunst und seines künstlerischen Charakters gestellt sieht. Er hat sich die Widerwilligsten unterjocht: es giebt keinen begabten Musiker mehr, welcher nicht innerlich auf ihn hörte und ihn hörenswerther, als sich und die übrige Musik zusammen, fände. Manche, welche durchaus Etwas bedeuten wollen, ringen geradezu mit diesem sie überwältigenden inneren Reize, bannen sich mit ängstlicher Beflissenheit in den Kreis der älteren Meister und wollen lieber ihre »Selbstständigkeit« an Schubert oder Händel anlehnen, als an Wagner. Umsonst! Indem sie gegen ihr besseres Gewissen kämpfen, werden sie als Künstler selber geringer und kleinlicher; sie verderben ihren Charakter dadurch, dass sie schlechte Bundesgenossen und Freunde dulden müssen: und nach allen diesen Aufopferungen begegnet es ihnen doch, vielleicht in einem Traume, dass ihr Ohr nach Wagner hinhorcht. Diese Gegner sind bedauernswürdig: sie glauben viel zu verlieren, wenn sie sich verlieren und irren sich dabei.

Nun liegt ersichtlich Wagner nicht viel daran, ob die Musiker von jetzt ab Wagnerisch componiren und ob sie überhaupt componiren; ja er thut, was er kann, um jenen unseligen Glauben zu zerstören, dass sich nun wieder an ihn eine Schule von Componisten anschliessen müsse. So weit er unmittelbaren Einfluss auf Musiker hat, sucht er sie über die Kunst des grossen Vortrags zu belehren; es scheint ihm ein Zeitpunct in der Entwickelung der Kunst gekommen, in welchem der gute Wille, ein tüchtiger Meister der Darstellung und Ausübung zu werden, viel schätzenswerther ist, als das Gelüst, um jeden Preis selber zu »schaffen.« Denn dieses Schaffen, auf der jetzt erreichten Stufe der Kunst, hat die verhängnissvolle Folge, das wahrhaft Grosse in seinen Wirkungen zu verflachen, dadurch, dass man es, so gut es geht, vervielfältigt und die Mittel und Kunstgriffe des Genies durch alltäglichen Gebrauch abnützt. Selbst das Gute in der Kunst ist überflüssig und schädlich, wenn es aus der Nachahmung des Besten entstand. Die Wagnerischen Zwecke und Mittel gehören zusammen: es braucht Nichts weiter dazu, als künstlerische Ehrlichkeit, diess zu fühlen, und es ist Unehrlichkeit, die Mittel ihm abzumerken und zu ganz anderen, kleineren Zwecken zu verwenden.

Wenn also Wagner es ablehnt, in einer Schaar von Wagnerisch componirenden Musikern fortzuleben, so stellt er um so eindringlicher allen Begabungen die neue Aufgabe, mit ihm zusammen die Gesetze des Styls für den dramatischen Vortrag zu finden. Das tiefste Bedürfniss treibt ihn, für seine Kunst die Tradition eines Styls zu begründen, durch welche sein Werk, in reiner Gestalt, von einer Zeit zur anderen fortleben könne, bis es jene Zukunft erreicht, für welche es von seinem Schöpfer vorausbestimmt war.

Wagner besitzt einen unersättlichen Trieb, Alles, was sich auf jene Begründung des Styls und, solchermaassen, auf die Fortdauer seiner Kunst bezieht, mitzutheilen. Sein Werk, um mit Schopenhauer zu reden, als ein heiliges Depositum und die wahre Frucht seines Daseins, zum Eigenthum der Menschheit zu machen, es niederlegend für eine besser urtheilende Nachwelt, diess wurde ihm zum Zweck, der allen anderen Zwecken vorgeht, und für den er die Dornenkrone trägt, welche einst zum Lorbeerkranze ausschlagen soll: auf die Sicherstellung seines Werkes concentrirte sein Streben sich eben so entschieden, wie das des Insects, in seiner letzten Gestalt, auf die Sicherstellung seiner Eier und Vorsorge für die Brut, deren Dasein es nie erlebt: es deponirt die Eier da, wo sie, wie es sicher weiss, einst Leben und Nahrung finden werden, und stirbt getrost.

Dieser Zweck, der allen anderen Zwecken vorgeht, treibt ihn zu immer neuen Erfindungen; er schöpft deren aus dem Borne seiner dämonischen Mittheilbarkeit immer mehr, je deutlicher er sich im Ringen mit dem abgeneigtesten Zeitalter fühlt, das zum Hören den schlechtesten Willen mitgebracht hat. Allmählich aber beginnt selbst dieses Zeitalter, seinen unermüdlichen Versuchen, seinem biegsamen Andringen nachzugeben und das Ohr hinzuhalten. Wo eine kleine oder bedeutende Gelegenheit sich von ferne zeigte, seine Gedanken durch ein Beispiel zu erklären, war Wagner dazu bereit: er dachte seine Gedanken in die jedesmaligen Umstände hinein und brachte sie aus der dürftigsten Verkörperung heraus noch zum Reden. Wo eine halbwegs empfängliche Seele sich ihm aufthat, warf er seinen Saamen hinein. Er knüpft dort Hoffnungen an, wo der kalte Beobachter mit den Achseln zuckt; er täuscht sich hundertfach, um einmal gegen diesen Beobachter Recht zu behalten. Wie der Weise im Grunde mit lebenden Menschen nur so weit verkehrt, als er durch sie den Schatz seiner Erkenntniss zu mehren weiss, so scheint es fast, als ob der Künstler keinen Verkehr mehr mit den Menschen seiner Zeit haben könne, durch welchen er nicht die Verewigung seiner Kunst fördert: man liebt ihn nicht anders, als wenn man diese Verewigung liebt, und ebenso empfindet er nur Eine Art des gegen ihn gerichteten Hasses, den Hass nämlich, welcher die Brücken zu jener Zukunft seiner Kunst ihm abbrechen will. Die Schüler, welche Wagner sich erzog, die einzelnen Musiker und Schauspieler, denen er ein Wort sagte, eine Gebärde vormachte, die kleinen und grossen Orchester, die er führte, die Städte, welche ihn im Ernste seiner Thätigkeit sahen, die Fürsten und Frauen, welche halb mit Scheu, halb mit Liebe an seinen Plänen Theil nahmen, die verschiedenen europäischen Länder, denen er zeitweilig als der Richter und das böse Gewissen ihrer Künste angehörte: Alles wurde allmählich zum Echo seines Gedankens, seines unersättlichen Strebens nach einer zukünftigen Fruchtbarkeit; kam dieses Echo auch oft entstellt und verwirrt zu ihm zurück, so muss doch zuletzt der Uebermacht des gewaltigen Tones, welchen er hundertfältig in die Welt hineinrief, auch ein übermächtiger Nachklang entsprechen; und es wird bald nicht mehr möglich sein, ihn nicht zu hören, ihn falsch zu verstehen. Dieser Nachklang ist es schon jetzt, welcher die Kunststätten der modernen Menschen erzittern macht; jedesmal, wenn der Hauch seines Geistes in diese Gärten hineinblies, bewegte sich Alles, was darin windfällig und wipfeldürr war; und in noch beredterer Weise, als dieses Erzittern, spricht ein überall auftauchender Zweifel: Niemand weiss mehr zu sagen, wo nur immer noch die Wirkung Wagner's unvermuthet herausbrechen werde. Er ist ganz und gar ausser Stand, das Heil der Kunst losgetrennt von irgend welchem anderen Heil und Unheil zu betrachten: wo nur immer der moderne Geist Gefahren in sich birgt, da spürt er mit dem Auge des spähendsten Misstrauens auch die Gefahr der Kunst. Er nimmt in seiner Vorstellung das Gebäude unserer Civilisation aus einander und lässt sich nichts Morsches, nichts Leichtfertig-Gezimmertes entgehen: wenn er dabei auf wetterfeste Mauern und überhaupt auf dauerhaftere Fundamente stösst, so sinnt er sofort auf ein Mittel, daraus für seine Kunst Bollwerke und schützende Dächer zu gewinnen. Er lebt wie ein Flüchtling, der nicht sich, sondern ein Geheimniss zu bewahren trachtet; wie ein unglückliches Weib, welches das Leben des Kindes, das sie im Schoosse trägt, nicht ihr eigenes retten will: er lebt wie Sieglinde »um der Liebe willen.«

Denn freilich ist es ein Leben voll mannichfacher Qual und Scham, in einer Welt unstät und unheimisch zu sein und doch zu ihr reden, von ihr fordern zu müssen, sie verachten und doch die Verachtete nicht entbehren zu können, – es ist die eigentliche Noth des Künstlers der Zukunft; als welcher nicht, gleich dem Philosophen, in einem dunklen Winkel für sich der Erkenntniss nachjagen kann: denn er braucht menschliche Seelen als Vermittler an die Zukunft, öffentliche Einrichtungen als Gewährleistung dieser Zukunft, als Brücken zwischen jetzt und einstmals. Seine Kunst ist auf dem Kahne der schriftlichen Aufzeichnung nicht einzuschiffen, wie diess der Philosoph vermag: die Kunst will Könnende als Ueberlieferer, nicht Buchstaben und Noten. Ueber ganze Strecken im Leben Wagner's hinweg klingt der Ton der Angst, diesen Könnenden nicht mehr nahe zu kommen und an Stelle des Beispiels, das er ihnen zu geben hat, gewaltsam auf die schriftliche Andeutung sich eingeschränkt zu sehen, und anstatt die That vorzuthun, den blassesten Schimmer der That Solchen zu zeigen, welche Bücher lesen, das heisst im Ganzen so viel als: welche keine Künstler sind.

Wagner als Schriftsteller zeigt den Zwang eines tapferen Menschen, dem man die rechte Hand zerschlagen hat und der mit der linken ficht: er ist immer ein Leidender, wenn er schreibt, weil er der rechten Mittheilung auf seine Weise, in Gestalt eines leuchtenden und siegreichen Beispiels, durch eine zeitweilig unüberwindliche Nothwendigkeit beraubt ist. Seine Schriften haben gar nichts Kanonisches, Strenges: sondern der Kanon liegt in den Werken. Es sind Versuche, den Instinct zu begreifen, welcher ihn zu seinen Werken trieb und gleichsam sich selber in's Auge zu sehen; hat er es erst erreicht, seinen Instinct in Erkenntniss umzuwandeln, so hofft er, dass in den Seelen seiner Leser der umgekehrte Process sich einstellen werde: mit dieser Aussicht schreibt er. Wenn sich vielleicht ergeben sollte, dass hierbei irgend etwas Unmögliches versucht worden ist, so hätte Wagner doch nur dasselbe Schicksal mit allen Denen gemein, welche über die Kunst nachdachten; und vor den Meisten von ihnen hat er voraus, dass in ihm der gewaltigste Gesammtinstinct der Kunst Herberge genommen hat. Ich kenne keine ästhetischen Schriften, welche so viel Licht brächten, wie die Wagnerischen; was über die Geburt des Kunstwerkes überhaupt zu erfahren ist, das ist aus ihnen zu erfahren. Es ist Einer der ganz Grossen, der hier als Zeuge auftritt und sein Zeugniss durch eine lange Reihe von Jahren immer mehr verbessert, befreit, verdeutlicht und aus dem Unbestimmten heraushebt; auch wenn er, als Erkennender, stolpert, schlägt er Feuer heraus. Gewisse Schriften, wie »Beethoven«, »über das Dirigiren«, »über Schauspieler und Sänger«, »Staat und Religion«, machen jedes Gelüst zum Widersprechen verstummen und erzwingen sich ein stilles innerliches, andächtiges Zuschauen, wie es sich beim Aufthun kostbarer Schreine geziemt. Andere, namentlich die aus der früheren Zeit, »Oper und Drama« mit eingerechnet, regen auf, machen Unruhe: es ist eine Ungleichmässigkeit des Rhythmus in ihnen, wodurch sie, als Prosa, in Verwirrung setzen. Die Dialektik in ihnen ist vielfältig gebrochen, der Gang durch Sprünge des Gefühls mehr gehemmt, als beschleunigt; eine Art von Widerwilligkeit des Schreibenden liegt wie ein Schatten auf ihnen, gleich als ob der Künstler des begrifflichen Demonstrirens sich schämte. Am meisten beschwert vielleicht den nicht ganz Vertrauten ein Ausdruck von autoritativer Würde, welcher ganz ihm eigen und schwer zu beschreiben ist: mir kommt es so vor, als ob Wagner häufig wie vor Feinden spreche – denn alle diese Schriften sind im Sprechstyl, nicht im Schreibstyl geschrieben, und man wird sie viel deutlicher finden, wenn man sie gut vorgetragen hört – vor Feinden, mit denen er keine Vertraulichkeit haben mag, weshalb er sich abhaltend, zurückhaltend zeigt. Nun bricht nicht selten die fortreissende Leidenschaft seines Gefühls durch diesen absichtlichen Faltenwurf hindurch; dann verschwindet die künstliche, schwere und mit Nebenworten reich geschwellte Periode, und es entschlüpfen ihm Sätze und ganze Seiten, welche zu dem Schönsten gehören, was die deutsche Prosa hat. Aber selbst angenommen, dass er in solchen Theilen seiner Schriften zu Freunden redet und das Gespenst seines Gegners dabei nicht mehr neben seinem Stuhle steht: alle die Freunde und Feinde, mit welchen Wagner als Schriftsteller sich einlässt, haben etwas Gemeinsames, was sie gründlich von jenem Volke abtrennt, für welches er als Künstler schafft. Sie sind in der Verfeinerung und Unfruchtbarkeit ihrer Bildung durchaus unvolksthümlich und Der, welcher von ihnen verstanden werden will, muss unvolksthümlich reden: so wie diess unsere besten Prosa-Schriftsteller gethan haben, so wie es auch Wagner thut. Mit welchem

Zwange, das lässt sich errathen. Aber die Gewalt jenes vorsorglichen, gleichsam mütterlichen Triebes, welchem er jedes Opfer bringt, zieht ihn selber in den Dunstkreis der Gelehrten und Gebildeten zurück, dem er als Schaffender auf immer Lebewohl gesagt hat. Er unterwirft sich der Sprache der Bildung und allen Gesetzen ihrer Mittheilung, ob er schon der Erste gewesen ist, welcher das tiefe Ungenügen dieser Mittheilung empfunden hat.

Denn, wenn irgend Etwas seine Kunst gegen alle Kunst der neueren Zeiten abhebt, so ist es Diess: sie redet nicht mehr die Sprache der Bildung einer Kaste, und kennt überhaupt den Gegensatz von Gebildeten und Ungebildeten nicht mehr. Damit stellt sie sich in Gegensatz zu aller Cultur der Renaissance, welche bisher uns neuere Menschen in ihr Licht und ihren Schatten eingehüllt hatte. Indem die Kunst Wagner's uns auf Augenblicke aus ihr hinausträgt, vermögen wir ihren gleichartigen Charakter überhaupt erst zu überschauen: da erscheinen uns Goethe und Leopardi als die letzten grossen Nachzügler der italienischen Philologen-Poeten, der Faust als die Darstellung des unvolksthümlichsten Räthsels, welches sich die neueren Zeiten, in der Gestalt des nach Leben dürstenden theoretischen Menschen, aufgegeben haben; selbst das Goethische Lied ist dem Volksliede nachgesungen, nicht vorgesungen, und sein Dichter wusste, weshalb er mit so vielem Ernste einem Anhänger den Gedanken an's Herz legte: »meine Sachen können nicht populär werden; wer daran denkt und dafür strebt, ist im Irrthum.«

Dass es überhaupt eine Kunst geben könne, so sonnenhaft hell und warm, um ebenso die Niedrigen und Armen im Geiste mit ihrem Strahle zu erleuchten, als den Hochmuth der Wissenden zu schmelzen: Das musste erfahren werden und war nicht zu errathen. Aber im Geiste eines Jeden, der es jetzt erfährt, muss es alle Begriffe über Erziehung und Cultur umwenden; ihm wird der Vorhang vor einer Zukunft aufgezogen scheinen, in welcher es keine höchsten Güter und Beglückungen mehr giebt, die nicht den Herzen Aller gemein sind. Der Schimpf, welcher bisher dem Worte »gemein« anklebte, wird dann von ihm hinweggenommen sein.

Wenn sich solchermaassen die Ahnung in die Ferne wagt, wird die bewusste Einsicht die unheimliche sociale Unsicherheit unserer Gegenwart in's Auge fassen und sich die Gefährdung einer Kunst nicht verbergen, welche gar keine Wurzeln zu haben scheint, wenn nicht in jener Ferne und Zukunft und die ihre blühenden Zweige uns eher zu Gesicht kommen lässt, als das Fundament, aus dem sie hervorwächst. Wie retten wir diese heimathlose Kunst hindurch bis zu jener Zukunft, wie dämmen wir die Fluth der überall unvermeidlich scheinenden Revolution so ein, dass mit dem Vielen, was dem Untergange geweiht ist und ihn verdient, nicht auch die beseligende Anticipation und Bürgschaft einer besseren Zukunft, einer freieren Menschheit weggeschwemmt wird?

Wer so sich fragt und sorgt, hat an Wagner's Sorge Antheil genommen; er wird mit ihm sich getrieben fühlen, nach jenen bestehenden Mächten zu suchen, welche den guten Willen haben, in den Zeiten der Erdbeben und Umstürze die Schutzgeister der edelsten Besitzthümer der Menschheit zu sein. Einzig in diesem Sinne frägt Wagner durch seine Schriften bei den Gebildeten an, ob sie sein Vermächtniss, den kostbaren Ring seiner Kunst mit in ihren Schatzhäusern bergen wollen; und selbst das grossartige Vertrauen, welches Wagner dem deutschen Geiste auch in seinen politischen Zielen geschenkt hat, scheint mir darin seinen Ursprung zu haben, dass er dem Volke der Reformation jene Kraft, Milde und Tapferkeit zutraut, welche nöthig ist, um »das Meer der Revolution in das Bette des ruhig fliessenden Stromes der Menschheit einzudämmen«: und fast möchte ich meinen, dass er Diess und nichts Anderes durch die Symbolik seines Kaisermarsches ausdrücken wollte.

Im Allgemeinen ist aber der hülfreiche Drang des schaffenden Künstlers zu gross, der Horizont seiner Menschenliebe zu umfänglich, als dass sein Blick an den Umzäunungen des nationalen Wesens hängen bleiben sollte. Seine Gedanken sind wie die jedes guten und grossen Deutschen überdeutsch und die Sprache seiner Kunst redet nicht zu Völkern, sondern zu Menschen.

Aber zu Menschen der Zukunft.

Das ist der ihm eigenthümliche Glaube, seine Qual und seine Auszeichnung. Kein Künstler irgend welcher Vergangenheit hat eine so merkwürdige Mitgift von seinem Genius erhalten, Niemand hat ausser ihm diesen Tropfen herbster Bitterkeit mit jedem nektarischen Tranke, welchen die Begeisterung ihm reichte, trinken müssen. Es ist nicht, wie man glauben möchte, der verkannte, der gemisshandelte, der in seiner Zeit gleichsam flüchtige Künstler, welcher sich diesen Glauben, zur Nothwehr, gewann: Erfolg und Misserfolg bei den Zeitgenossen konnten ihn nicht aufheben und nicht begründen. Er gehört nicht zu diesem Geschlecht, mag es ihn preisen oder verwerfen: – das ist das Urtheil seines Instinctes; und ob je ein Geschlecht zu ihm gehören werde, das kann Dem, welcher daran nicht glauben mag, auch nicht bewiesen werden. Aber wohl kann auch dieser Ungläubige die Frage stellen, welcher Art ein Geschlecht sein müsse, in dem Wagner sein »Volk« wiedererkennen würde, als den Inbegriff aller Derjenigen, welche eine gemeinsame Noth empfinden und sich von ihr durch eine gemeinsame Kunst erlösen wollen. Schiller freilich ist gläubiger und hoffnungsvoller gewesen: er hat nicht gefragt, wie wohl eine Zukunft aussehen werde, wenn der Instinct des Künstlers, der von ihr wahrsagt, Recht behalten sollte, vielmehr von den Künstlern gefordert:

Erhebet euch mit kühnem Flügel
hoch über euren Zeitenlauf!
Fern dämm're schon in eurem Spiegel
das kommende Jahrhundert auf!

11.

Die gute Vernunft bewahre uns vor dem Glauben, dass die Menschheit irgend wann einmal endgültige ideale Ordnungen finden werde und dass dann das Glück mit immer gleichem Strahle, gleich der Sonne der Tropenländer, auf die solchermaassen Geordneten niederbrennen müsse: mit einem solchen Glauben hat Wagner Nichts zu thun, er ist kein Utopist. Wenn er des Glaubens an die Zukunft nicht entrathen kann, so heisst diess gerade nur so viel, dass er an den jetzigen Menschen Eigenschaften wahrnimmt, welche nicht zum unveränderlichen Charakter und Knochenbau des menschlichen Wesens gehören, sondem wandelbar, ja vergänglich sind, und dass gerade dieser Eigenschaften wegen die Kunst unter ihnen ohne Heimath und er selber der vorausgesendete Bote einer anderen Zeit sein müsse. Kein goldenes Zeitalter, kein unbewölkter Himmel ist diesen kommenden Geschlechtern beschieden, auf welche ihn sein Instinct anweist und deren ungefähre Züge aus der Geheimschrift seiner Kunst so weit zu errathen sind, als es möglich ist, von der Art der Befriedigung auf die Art der Noth zu schliessen. Auch die übermenschliche Güte und Gerechtigkeit wird nicht wie ein unbeweglicher Regenbogen über das Gefilde dieser Zukunft gespannt sein. Vielleicht wird jenes Geschlecht im Ganzen sogar böser erscheinen, als das jetzige, – denn es wird, im Schlimmen wie im Guten, offener sein; ja es wäre möglich, dass seine Seele, wenn sie einmal in vollem, freiem Klange sich ausspräche, unsere

Seelen in ähnlicher Weise erschüttern und erschrecken würde, wie wenn die Stimme irgend eines bisher versteckten bösen Naturgeistes laut geworden wäre. Oder wie klingen diese Sätze an unser Ohr: dass die Leidenschaft besser ist, als der Stoicismus und die Heuchelei, dass Ehrlich-sein, selbst im Bösen, besser ist, als sich selber an die Sittlichkeit des Herkommens verlieren, dass der freie Mensch sowohl gut, als böse sein kann, dass aber der unfreie Mensch eine Schande der Natur ist, und an keinem himmlischen, noch irdischen Troste Antheil hat; endlich, dass Jeder, der frei werden will, es durch sich selber werden muss, und dass Niemandem die Freiheit als ein Wundergeschenk in den Schooss fällt. Wie schrill und unheimlich diess auch klingen möge: es sind Töne aus jener zukünftigen Welt, welche der Kunst wahrhaft bedürftig ist und von ihr auch wahrhafte Befriedigungen erwarten kann; es ist die Sprache der auch im Menschlichen wiederhergestellten Natur, es ist genau Das, was ich früher richtige Empfindung im Gegensatz zu der jetzt herrschenden unrichtigen Empfindung nannte.

Nun aber giebt es allein für die Natur, nicht für die Unnatur und die unrichtige Empfindung, wahre Befriedigungen und Erlösungen. Der Unnatur, wenn sie einmal zum Bewusstsein über sich gekommen ist, bleibt nur die Sehnsucht in's Nichts übrig, die Natur dagegen begehrt nach Verwandelung durch Liebe: jene will nicht sein, diese will anders sein. Wer diess begriffen hat, führe sich jetzt in aller Stille der Seele die schlichten Motive der Wagnerischen Kunst vorüber, um sich zu fragen, ob mit ihnen die Natur oder die Unnatur ihre Ziele, wie diese eben bezeichnet wurden, verfolgt.

Der Unstäte, Verzweifelte findet durch die erbarmende Liebe eines Weibes, das lieber sterben, als ihm untreu sein will, die Erlösung von seiner Qual: das Motiv des fliegenden Holländers. – Die Liebende, allem eigenen Glück entsagend, wird, in einer himmlischen Wandelung von Amor in Caritas, zur Heiligen und rettet die Seele des Geliebten: Motiv des Tannhäuser. – Das Herrlichste, Höchste kommt verlangend herab zu den Menschen und will nicht nach dem Woher? gefragt sein; es geht, als die unselige Frage gestellt wird, mit schmerzlichem Zwang in sein höheres Leben zurück: Motiv des Lohengrin. – Die liebende Seele des Weibes und ebenso das Volk nehmen willig den neuen beglückenden Genius auf, obschon die Pfleger des Ueberlieferten und Herkömmlichen ihn von sich stossen und verlästern: Motiv der Meistersinger. Zwei Liebende, ohne Wissen über ihr Geliebtsein, sich vielmehr tief verwundet und verachtet glaubend, begehren von einander den Todestrank zu trinken, scheinbar zur Sühne der Beleidigung, in Wahrheit aber aus einem unbewussten Drange: sie wollen durch den Tod von aller Trennung und Verstellung befreit sein. Die geglaubte Nähe des Todes löst ihre Seele und führt sie in ein kurzes schauervolles Glück, wie als ob sie wirklich dem Tage, der Täuschung, ja dem Leben entronnen wären: Motiv in Tristan und Isolde.

Im Ringe des Nibelungen ist der tragische Held ein Gott, dessen Sinn nach Macht dürstet, und der, indem er alle Wege geht, sie zu gewinnen, sich durch Verträge bindet, seine Freiheit verliert, und in den Fluch, welcher auf der Macht liegt, verflochten wird. Er erfährt seine Unfreiheit gerade darin, dass er kein Mittel mehr hat, sich des goldenen Ringes, des Inbegriffs aller Erdenmacht und zugleich der höchsten Gefahren für ihn selbst, so lange er in dem Besitze seiner Feinde ist, zu bemächtigen: die Furcht vor dem Ende und der Dämmerung aller Götter überkommt ihn und ebenso die Verzweifelung darüber, diesem Ende nur entgegensehen, nicht entgegenwirken zu können. Er bedarf des freien furchtlosen Menschen, welcher, ohne seinen Rath und Beistand, ja im Kampfe wider die göttliche Ordnung, von sich aus die dem Gotte versagte That vollbringt: er sieht ihn nicht und gerade dann, wenn eine neue Hoffnung noch erwacht, muss er dem Zwange, der ihn bindet, gehorchen: durch seine Hand muss das Liebste vernichtet, das reinste Mitleiden mit seiner Noth bestraft werden. Da ekelt ihn endlich vor der Macht, welche das Böse und die Unfreiheit im Schoosse trägt, sein Wille bricht sich, er selber verlangt nach dem Ende, das ihm von ferne her droht. Und jetzt erst geschieht das früher Ersehnteste: der freie furchtlose Mensch erscheint, er ist im Widerspruche gegen alles Herkommen entstanden; seine Erzeuger büssen es, dass ein Bund wider die Ordnung der Natur und Sitte sie verknüpfte: sie gehen zu Grunde, aber Siegfried lebt. Im Anblicke seines herrlichen Werdens und Aufblühens weicht der Ekel aus der Seele Wotan's, er geht dem Geschicke des Helden mit dem Auge der väterlichsten Liebe und Angst nach. Wie er das Schwert sich schmiedet, den Drachen tödtet, den Ring gewinnt, dem listigsten Truge entgeht, Brünnhilde erweckt, wie der Fluch, der auf dem Ringe ruht, auch ihn nicht verschont, ihm nah und näher kommt, wie er, treu in Untreue, das Liebste aus Liebe verwundend, von den Schatten und Nebeln der Schuld umhüllt wird, aber zuletzt lauter wie die Sonne heraustaucht und untergeht, den ganzen Himmel mit seinem Feuerglanze entzündend und die Welt vom Fluche reinigend, – Das alles schaut der Gott, dem der waltende Speer im Kampfe mit dem Freiesten zerbrochen ist und der seine Macht an ihn verloren hat, voller Wonne am eigenen Unterliegen, voller Mitfreude und Mitleiden mit seinem Ueberwinder: sein Auge liegt mit dem Leuchten einer schmerzlichen Seligkeit auf den letzten Vorgängen, er ist frei geworden in Liebe, frei von sich selbst.

Und nun fragt euch selber, ihr Geschlechter jetzt lebender Menschen! Ward diess *für euch* gedichtet? Habt ihr den Muth, mit eurer Hand auf die Sterne dieses ganzen Himmelsgewölbes von Schönheit und Güte zu zeigen und zu sagen:

es ist *unser* Leben, das Wagner unter die Sterne versetzt hat?

Wo sind unter euch die Menschen, welche das göttliche Bild Wotan's sich nach ihrem Leben zu deuten vermögen und welche selber immer grösser werden, je mehr sie, wie er, zurücktreten? Wer von euch will auf Macht verzichten, wissend und erfahrend, dass die Macht böse ist? Wo sind Die, welche wie Brünnhilde aus Liebe ihr Wissen dahingeben und zuletzt doch ihrem Leben das allerhöchste Wissen entnehmen: »trauernder Liebe tiefstes Leid schloss die Augen mir auf.« Und die Freien, Furchtlosen, in unschuldiger Selbstigkeit aus sich Wachsenden und Blühenden, die Siegfriede unter euch?

Wer so fragt und vergebens fragt, der wird sich nach der Zukunft umsehen müssen; und sollte sein Blick in irgend welcher Ferne gerade noch jenes »Volk« entdecken, welches seine eigene Geschichte aus den Zeichen der Wagnerischen Kunst herauslesen darf, so versteht er zuletzt auch, *was Wagner diesem Volke sein wird*: – Etwas, das er uns allen nicht sein kann, nämlich nicht der Seher einer Zukunft, wie er uns vielleicht erscheinen möchte, sondern der Deuter und Verklärer einer Vergangenheit.

Der Fall Wagner.

Ein Musikanten-Problem.
[1888]

Vorwort.

Ich mache mir eine kleine Erleichterung. Es ist nicht nur die reine Bosheit, wenn ich in dieser Schrift Bizet auf Kosten Wagner's lobe. Ich bringe unter vielen Spässen eine Sache vor, mit der nicht zu spassen ist. Wagnern den Rücken zu kehren war für mich ein Schicksal; irgend Etwas nachher wieder gern zu haben ein Sieg. Niemand war vielleicht gefährlicher mit der Wagnerei verwachsen, Niemand hat sich härter gegen sie gewehrt, Niemand sich mehr gefreut, von ihr los zu sein. Eine lange Geschichte! – Will man ein Wort dafür? – Wenn ich Moralist wäre, wer weiss, wie ich's nennen würde! Vielleicht Selbstüberwindung. – Aber der Philosoph liebt die Moralisten nicht ... er liebt auch die schönen Worte nicht ...

Was verlangt ein Philosoph am ersten und letzten von sich? Seine Zeit in sich zu überwinden, »zeitlos« zu werden. Womit also hat er seinen härtesten Strauss zu bestehn? Mit dem, worin gerade er das Kind seiner Zeit ist. Wohlan! Ich bin so gut wie Wagner das Kind dieser Zeit, will sagen ein décadent: nur dass ich das begriff, nur dass ich mich dagegen wehrte. Der Philosoph in mir wehrte sich dagegen.

Was mich am tiefsten beschäftigt hat, das ist in der That das Problem der décadence, – ich habe Gründe dazu gehabt. »Gut und Böse« ist nur eine Spielart jenes Problems. Hat man sich für die Abzeichen des Niedergangs ein Auge gemacht, so versteht man auch die Moral, – man versteht, was sich unter ihren heiligsten Namen und Werthformeln versteckt: das verarmte Leben, der Wille zum Ende, die grosse Müdigkeit. Moral verneint das Leben ... Zu einer solchen Aufgabe war mir eine Selbstdisciplin von Nöthen: – Partei zu nehmen gegen alles Kranke an mir, eingerechnet Wagner, eingerechnet Schopenhauer, eingerechnet die ganze moderne »Menschlichkeit«. – Eine tiefe Entfremdung, Erkältung, Ernüchterung gegen alles

Zeitliche, Zeitgemässe: und als höchsten Wunsch das Auge Zarathustra's, ein Auge, das die ganze Thatsache Mensch aus ungeheurer Ferne übersieht, – unter sich sieht ... Einem solchen Ziele – welches Opfer wäre ihm nicht gemäss? welche »Selbst-Überwindung«! welche »Selbst-Verleugnung«!

Mein grösstes Erlebniss war eine Genesung. Wagner gehört bloss zu meinen Krankheiten.

Nicht dass ich gegen diese Krankheit undankbar sein möchte. Wenn ich mit dieser Schrift den Satz aufrecht halte, dass Wagner schädlich ist, so will ich nicht weniger aufrecht halten, wem er trotzdem unentbehrlich ist – dem Philosophen. Sonst kann man vielleicht ohne Wagner auskommen: dem Philosophen aber steht es nicht frei, Wagner's zu entrathen. Er hat das schlechte Gewissen seiner Zeit zu sein, – dazu muss er deren bestes Wissen haben. Aber wo fände er für das Labyrinth der modernen Seele einen eingeweihteren Führer, einen beredteren Seelenkündiger als Wagner? Durch Wagner redet die Modernität ihre intimste Sprache: sie verbirgt weder ihr Gutes, noch ihr Böses, sie hat alle Scham vor sich verlernt. Und umgekehrt: man hat beinahe eine Abrechnung über den Werth des Modernen gemacht, wenn man über Gut und Böse bei Wagner mit sich im Klaren ist. – Ich verstehe es vollkommen, wenn heut ein Musiker sagt »ich hasse Wagner, aber ich halte keine andre Musik mehr aus«. Ich würde aber auch einen Philosophen verstehn, der erklärte: »Wagner resümirt die Modernität. Es hilft nichts, man muss erst Wagnerianer sein ...«

Der Fall Wagner.

Turiner Brief vom Mai 1888.

ridendo dicere severum ...

1.

Ich hörte gestern – werden Sie es glauben? – zum zwanzigsten Male Bizet's Meisterstück. Ich harrte wieder mit einer sanften Andacht aus, ich lief wieder nicht davon. Dieser Sieg über meine Ungeduld überrascht mich. Wie ein solches Werk vervollkommnet! Man wird selbst dabei zum »Meisterstück«. – Und wirklich schien ich mir jedes Mal, dass ich Carmen hörte, mehr Philosoph, ein besserer Philosoph, als ich sonst mir scheine: so langmüthig geworden, so glücklich, so indisch, so sesshaft ... Fünf Stunden Sitzen: erste Etappe der Heiligkeit! – Darf ich sagen, dass Bizet's Orchesterklang fast der einzige ist, den ich noch aushalte? Jener andere Orchesterklang, der jetzt obenauf ist, der Wagnerische, brutal, künstlich und »unschuldig« zugleich und damit zu den drei Sinnen der modernen Seele auf Einmal redend, – wie nachtheilig ist mir dieser Wagnerische Orchesterklang! Ich heisse ihn Scirocco. Ein verdriesslicher Schweiss bricht an mir aus. Mit meinem guten Wetter ist es vorbei.

Diese Musik scheint mir vollkommen. Sie kommt leicht, biegsam, mit Höflichkeit daher. Sie ist liebenswürdig, sie schwitzt nicht. »Das Gute ist leicht, alles Göttliche läuft auf zarten Füssen«: erster Satz meiner Aesthetik. Diese Musik ist böse, raffinirt, fatalistisch: sie bleibt dabei populär – sie hat das Raffinement einer Rasse, nicht eines Einzelnen. Sie ist reich. Sie ist präcis. Sie baut, organisirt, wird fertig: damit macht sie den Gegensatz zum Polypen in der Musik, zur »unendlichen

Melodie«. Hat man je schmerzhaftere tragische Accente auf der Bühne gehört? Und wie werden dieselben erreicht! Ohne Grimasse! Ohne Falschmünzerei! Ohne die Lüge des grossen Stils! – Endlich: diese Musik nimmt den Zuhörer als intelligent, selbst als, Musiker, – sie ist auch damit das Gegenstück zu Wagner, der, was immer sonst, jedenfalls das unhöflichste Genie der Welt war (Wagner nimmt uns gleichsam als ob – –, er sagt Ein Ding so oft, bis man verzweifelt, – bis man's glaubt).

Und nochmals: ich werde ein besserer Mensch, wenn mir dieser Bizet zuredet. Auch ein besserer Musikant, ein besserer Zuhörer. Kann man überhaupt noch besser zuhören? – Ich vergrabe meine Ohren noch unter diese Musik, ich höre deren Ursache. Es scheint mir, dass ich ihre Entstehung erlebe – ich zittere vor Gefahren, die irgend ein Wagniss begleiten, ich bin entzückt über Glücksfälle, an denen Bizet unschuldig ist. – Und seltsam! im Grunde denke ich nicht daran, oder weiss es nicht, wie sehr ich daran denke. Denn ganz andere Gedanken laufen mir während dem durch den Kopf ... Hat man bemerkt, dass die Musik den Geist frei macht? dem Gedanken Flügel giebt? dass man um so mehr Philosoph wird, je mehr man Musiker wird? – Der graue Himmel der Abstraktion wie von Blitzen durchzuckt; das Licht stark genug für alles Filigran der Dinge; die grossen Probleme nahe zum Greifen; die Welt wie von einem Berge aus überblickt. – Ich definirte eben das philosophische Pathos. – Und unversehens fallen mir Antworten in den Schooss, ein kleiner Hagel von Eis und Weisheit, von gelösten Problemen ... Wo bin ich? – Bizet macht mich fruchtbar. Alles Gute macht mich fruchtbar. Ich habe keine andre Dankbarkeit, ich habe auch keinen andern Beweis dafür, was gut ist. –

2.

Auch dies Werk erlöst; nicht Wagner allein ist ein »Erlöser«. Mit ihm nimmt man Abschied vom feuchten Norden, von allem Wasserdampf des Wagnerischen Ideals. Schon die Handlung erlöst davon. Sie hat von Mérimée noch die Logik in der Passion, die kürzeste Linie, die harte Nothwendigkeit; sie hat vor Allem, was zur heissen Zone gehört, die Trockenheit der Luft, die limpidezza in der Luft, Hier ist in jedem Betracht das Klima verändert. Hier redet eine andre Sinnlichkeit, eine andre Sensibilität, eine andre Heiterkeit. Diese Musik ist heiter; aber nicht von einer französischen oder deutschen Heiterkeit. Ihre Heiterkeit ist afrikanisch; sie hat das Verhängniss über sich, ihr Glück ist kurz, plötzlich, ohne Pardon. Ich beneide Bizet darum, dass er den Muth zu dieser Sensibilität gehabt hat, die in der gebildeten Musik Europa's bisher noch keine Sprache hatte, – zu dieser südlicheren, bräuneren, verbrannteren Sensibilität ... Wie die gelben Nachmittage ihres Glücks uns wohlthun! Wir blicken dabei hinaus: sahen wir je das Meer glätter? – Und wie uns der maurische Tanz beruhigend zuredet! Wie in seiner lasciven Schwermuth selbst unsre Unersättlichkeit einmal Sattheit lernt! – Endlich die Liebe, die in die Natur zurückübersetzte Liebe! Nicht die Liebe einer »höheren Jungfrau«! Keine Senta-Sentimentalität! Sondern die Liebe als Fatum, als Fatalität, cynisch, unschuldig, grausam – und eben darin Natur! Die Liebe, die in ihren Mitteln der Krieg, in ihrem Grunde der Todhass der Geschlechter ist! – Ich weiss keinen Fall, wo der tragische Witz, der das Wesen der Liebe macht, so streng sich ausdrückte, so schrecklich zur Formel würde, wie im letzten Schrei Don José's, mit dem das Werk schliesst:

»Ja! Ich habe sie getödtet,
ich – meine angebetete Carmen!«

– Eine solche Auffassung der Liebe (die einzige, die des Philosophen würdig ist –) ist selten: sie hebt ein Kunstwerk unter Tausenden heraus. Denn im Durchschnitt machen es die Künstler wie alle Welt, sogar schlimmer – sie missverstehen die Liebe. Auch Wagner hat sie missverstanden. Sie glauben in ihr selbstlos zu sein, weil sie den Vortheil eines andren Wesens wollen, oft wider ihren eigenen Vortheil. Aber dafür wollen sie jenes andre Wesen besitzen ... Sogar Gott macht hier keine Ausnahme. Er ist ferne davon zu denken »was geht dich's an, wenn ich dich liebe?« – er wird schrecklich, wenn man ihn nicht wieder liebt. L'amour – mit diesem Spruch behält man unter Göttern und Menschen Recht – est de tous les sentiments le plus égoïste, et, par conséquent, lorsqu'il est blessé, le moins généreux. (B. Constant.)

3.

Sie sehen bereits, wie sehr mich diese Musik verbessert? – Il faut méditerraniser la musique: ich habe Gründe zu dieser Formel (Jenseits von Gut und Böse, S. 220). Die Rückkehr zur Natur, Gesundheit, Heiterkeit, Jugend, Tugend! – Und doch war ich Einer der corruptesten Wagnerianer ... Ich war im Stande, Wagnern ernst zu nehmen ... Ah dieser alte Zauberer! was hat er uns Alles vorgemacht! Das Erste, was seine Kunst uns anbietet, ist ein Vergrösserungsglas: man sieht hinein, man traut seinen Augen nicht – Alles wird gross, selbst Wagner wird gross ... Was für eine kluge Klapperschlange! Das ganze Leben hat sie uns von »Hingebung«, von »Treue«, von »Reinheit« vorgeklappert, mit einem Lobe auf die Keuschheit zog sie sich aus der verderbten Welt zurück! – Und wir haben's ihr geglaubt ...

– Aber Sie hören mich nicht? Sie ziehen selbst das Problem Wagner's dem Bizet's vor? Auch ich unterschätze es nicht, es hat seinen Zauber. Das Problem der Erlösung ist selbst ein ehrwürdiges Problem. Wagner hat über Nichts so tief wie über die Erlösung nachgedacht: seine Oper ist die Oper der Erlösung. Irgend wer will bei ihm immer erlöst sein: bald ein Männlein, bald ein Fräulein – dies ist sein Problem. – Und wie reich er sein Leitmotiv variirt! Welche seltenen, welche tiefsinnigen Ausweichungen! Wer lehrte es uns, wenn nicht Wagner, dass die Unschuld mit Vorliebe interessante Sünder erlöst? (der Fall im Tannhäuser) Oder dass selbst der ewige Jude erlöst wird, sesshaft wird, wenn er sich verheirathet? (der Fall im Fliegenden Holländer) Oder dass alte verdorbene Frauenzimmer es vorziehn, von keuschen Jünglingen erlöst zu werden? (der Fall Kundry) Oder dass schöne Mädchen am liebsten durch einen Ritter erlöst werden, der Wagnerianer ist? (der Fall in den Meistersingern) Oder dass auch verheirathete Frauen gerne durch einen Ritter erlöst werden? (der Fall Isoldens) Oder dass »der alte Gott«, nachdem er sich moralisch in jedem Betracht compromittirt hat, endlich durch einen Freigeist und Immoralisten erlöst wird? (der Fall im »Ring«) Bewundern Sie in Sonderheit diesen letzten Tiefsinn! Verstehn Sie ihn? Ich – hüte mich, ihn zu verstehn … Dass man noch andre Lehren aus den genannten Werken ziehn kann, möchte ich eher beweisen als bestreiten. Dass man durch ein Wagnerisches Ballet zur Verzweiflung gebracht werden kann – und zur Tugend! (nochmals der Fall Tannhäusers) Dass es von den schlimmsten Folgen sein kann, wenn man nicht zur rechten Zeit zu Bett geht (nochmals der Fall Lohengrins). Dass man nie zu genau wissen soll, mit wem man sich eigentlich verheirathet (zum dritten Mal der Fall Lohengrins) – Tristan und Isolde verherrlichen den vollkommnen Ehegatten, der, in einem gewissen Falle, nur Eine Frage hat: »aber warum habt ihr mir das nicht eher gesagt? Nichts einfacher als das!« Antwort:

»Das kann ich dir nicht sagen;
und was du frägst,
das kannst du nie erfahren.«

Der Lohengrin enthält eine feierliche In-Acht-Erklärung des Forschens und Fragens. Wagner vertritt damit den christlichen Begriff »du sollst und musst glauben«. Es ist ein Verbrechen am Höchsten, am Heiligsten, wissenschaftlich zu sein ... Der fliegende Holländer predigt die erhabne Lehre, dass das Weib auch den Unstätesten festmacht, Wagnerisch geredet, »erlöst«. Hier gestatten wir uns eine Frage. Gesetzt nämlich, dies wäre wahr, wäre es damit auch schon wünschenswerth? – Was wird aus dem »ewigen Juden«, den ein Weib anbetet und festmacht? Er hört bloss auf, ewig zu sein; er verheirathet sich, er geht uns Nichts mehr an. – In's Wirkliche übersetzt: die Gefahr der Künstler, der Genie's – und das sind ja die »ewigen Juden« – liegt im Weibe: die anbetenden Weiber sind ihr Verderb. Fast Keiner hat Charakter genug, um nicht – verdorben – »erlöst« zu werden, wenn er sich als Gott behandelt fühlt: – er condescendirt alsbald zum Weibe. – Der Mann ist feige vor allem Ewig-Weiblichen: das wissen die Weiblein. – In vielen Fällen der weiblichen Liebe, und vielleicht gerade in den berühmtesten, ist Liebe nur ein feinerer Parasitismus, ein Sich-Einnisten in eine fremde Seele, mitunter selbst in ein fremdes Fleisch – ach! wie sehr immer auf »des Wirthes« Unkosten! – –

Man kennt das Schicksal Goethe's im moralinsauren altjungfernhaften Deutschland. Er war den Deutschen immer anstössig, er hat ehrliche Bewunderer nur unter Jüdinnen gehabt. Schiller, der »edle« Schiller, der ihnen mit grossen Worten um die Ohren schlug, – der war nach ihrem Herzen. Was warfen sie Goethen vor? Den »Berg der Venus«; und dass er venetianische Epigramme gedichtet habe. Schon Klopstock hielt ihm eine Sittenpredigt; es gab eine Zeit, wo Herder, wenn er von Goethe sprach, mit Vorliebe das Wort »Priap« gebrauchte. Selbst der Wilhelm Meister galt nur als Symptom des Niedergangs, als moralisches »Auf-den-Hund-Kommen«. Die »Menagerie von zahmem Vieh«, die »Nichtswürdigkeit« des Helden darin erzürnte zum Beispiel Niebuhrn: der endlich in eine Klage ausbricht, welche Biterolf hätte absingen können: »Nichts macht leicht einen schmerzlicheren Eindruck, als wenn ein grosser Geist sich seiner Flügel beraubt und seine Virtuosität in etwas weit Geringerem sucht, indem er dem Höheren entsagt«... Vor Allem aber war die höhere Jungfrau empört: alle kleinen Höfe, alle Art »Wartburg« in Deutschland bekreuzte sich vor Goethe, vor dem »unsauberen Geist« in Goethe. – Diese Geschichte hat Wagner in Musik gesetzt. Er erlöst Goethe, das versteht sich von selbst; aber so, dass er, mit Klugheit, zugleich die Partei der höheren Jungfrau nimmt. Goethe wird gerettet: – ein Gebet rettet ihn, eine höhere Jungfrau zieht ihn hinan ...

– Was Goethe über Wagner gedacht haben würde? – Goethe hat sich einmal die Frage vorgelegt, was die Gefahr sei, die über allen Romantikern schwebe: das Romantiker-Verhängniss. Seine Antwort ist: »am Wiederkäuen sittlicher und religiöser Absurditäten zu ersticken.« Kürzer: Parsifal – – Der Philosoph macht dazu noch einen Epilog. Heiligkeit – das Letzte vielleicht, was Volk und Weib von höheren Werthen noch zu Gesicht bekommt, der Horizont des Ideals für Alles, was von Natur myops ist. Unter Philosophen aber, wie jeder Horizont, ein blosses Nichtverständniss, eine Art Thorschluss vor dem, wo ihre Welt erst beginnt – ihre Gefahr, ihr Ideal, ihre Wünschbarkeit ... Höflicher gesagt: la philosophie ne suffit pas au grand nombre. Il lui faut la sainteté. –

4.

– Ich erzähle noch die Geschichte des »Rings«. Sie gehört hierher. Auch sie ist eine Erlösungsgeschichte: nur dass dies Mal Wagner es ist, der erlöst wird. – Wagner hat, sein halbes Leben lang, an die *Revolution* geglaubt, wie nur irgend ein Franzose an sie geglaubt hat. Er suchte nach ihr in der Runenschrift des Mythus, er glaubte in *Siegfried* den typischen Revolutionär zu finden. – »Woher stammt alles Unheil in der Welt?« fragte sich Wagner. Von »alten Verträgen«: antwortete er, gleich allen Revolutions-Ideologen. Auf deutsch: von Sitten, Gesetzen, Moralen, Institutionen, von Alledem, worauf die alte Welt, die alte Gesellschaft ruht. »Wie schafft man das Unheil aus der Welt? Wie schafft man die alte Gesellschaft ab?« Nur dadurch, dass man den »Verträgen« (dem Herkommen, der Moral) den Krieg erklärt. *Das thut Siegfried.* Er beginnt früh damit, sehr früh: seine Entstehung ist bereits eine Kriegserklärung an die Moral – er kommt aus Ehebruch, aus Blutschande zur Welt ... *Nicht* die Sage, sondern Wagner ist der Erfinder dieses radikalen Zugs; an diesem Punkte hat er die Sage *corrigirt* ... Siegfried fährt fort, wie er begonnen hat: er folgt nur dem ersten Impulse, er wirft alles Ueberlieferte, alle Ehrfurcht, alle *Furcht* über den Haufen. Was ihm missfällt, sticht er nieder. Er rennt alten Gottheiten unehrerbietig wider den Leib. Seine Hauptunternehmung aber geht dahin, *das Weib zu emancipiren* – »Brünnhilde zu erlösen« ... Siegfried *und* Brünnhilde; das Sakrament der freien Liebe; der Aufgang des goldnen Zeitalters; die Götterdämmerung der alten Moral – *das Uebel ist abgeschafft* ... Wagner's Schiff lief lange Zeit lustig auf *dieser* Bahn. Kein Zweifel, Wagner suchte auf ihr *sein* höchstes Ziel. – Was geschah? Ein Unglück. Das Schiff fuhr auf ein Riff; Wagner sass fest. Das Riff war die Schopenhauerische Philosophie; Wagner sass auf einer conträren Weltansicht fest. Was hatte er in Musik gesetzt? Den Optimismus. Wagner schämte sich. Noch dazu einen Optimismus, für den Schopenhauer ein böses Beiwort geschaffen hatte – den ruchlosen Optimismus. Er schämte sich noch einmal. Er besann sich lange, seine Lage schien verzweifelt ... Endlich dämmerte ihm ein Ausweg: das Riff, an dem er scheiterte, wie? wenn er es als Ziel, als Hinterabsicht, als eigentlichen Sinn seiner Reise interpretirte? Hier zu scheitern – das war auch ein Ziel. Bene navigavi, cum naufragium feci ... Und er übersetzte den »Ring« in's Schopenhauerische. Alles läuft schief, Alles geht zu Grunde, die neue Welt ist so schlimm, wie die alte: – das Nichts, die indische Circe winkt ... Brünnhilde, die nach der ältern Absicht sich mit einem Liede zu Ehren der freien Liebe zu verabschieden hatte, die Welt auf eine socialistische Utopie vertröstend, mit der »Alles gut wird«, bekommt jetzt etwas Anderes zu thun. Sie muss erst Schopenhauer studiren; sie muss das vierte Buch der »Welt als Wille und Vorstellung« in Verse bringen. Wagner war erlöst ... Allen Ernstes, dies war eine Erlösung. Die Wohlthat, die Wagner Schopenhauern verdankt, ist unermesslich. Erst der Philosoph der décadence gab dem Künstler der décadence sich selbst – –

5.

Dem Künstler der décadence – da steht das Wort. Und damit beginnt mein Ernst. Ich bin ferne davon, harmlos zuzuschauen, wenn dieser décadent uns die Gesundheit verdirbt – und die Musik dazu! Ist Wagner überhaupt ein Mensch? Ist er nicht eher eine Krankheit? Er macht Alles krank, woran er rührt, – er hat die Musik krank gemacht –

Ein typischer décadent, der sich nothwendig in seinem verderbten Geschmack fühlt, der mit ihm einen höheren Geschmack in Anspruch nimmt, der seine Verderbniss als Gesetz, als Fortschritt, als Erfüllung in Geltung zu bringen weiss.

Und man wehrt sich nicht. Seine Verführungskraft steigt in's Ungeheure, es qualmt um ihn von Weihrauch, das Missverständniss über ihn heisst sich »Evangelium« – er hat durchaus nicht bloss die Armen des Geistes zu sich überredet!

Ich habe Lust, ein wenig die Fenster aufzumachen. Luft! Mehr Luft! – –

Dass man sich in Deutschland über Wagner betrügt, befremdet mich nicht. Das Gegentheil würde mich befremden. Die Deutschen haben sich einen Wagner zurecht gemacht, den sie verehren können: sie waren noch nie Psychologen, sie sind damit dankbar, dass sie missverstehn. Aber dass man sich auch in Paris über Wagner betrügt! wo man beinahe nichts Andres mehr ist als Psycholog. Und in Sankt-Petersburg! wo man Dinge noch erräth, die selbst in Paris nicht errathen werden. Wie verwandt muss Wagner der gesammten europäischen décadence sein, dass er von ihr nicht als décadent empfunden wird! Er gehört zu ihr: er ist ihr Protagonist, ihr grösster Name … Man ehrt sich, wenn man ihn in die Wolken hebt. – Denn dass man nicht gegen ihn sich wehrt, das ist selbst schon ein Zeichen von décadence. Der Instinkt ist geschwächt. Was man zu scheuen hätte, das zieht an. Man setzt an die Lippen, was noch schneller in den Abgrund treibt. – Will man ein Beispiel? Aber man hat nur das régime zu beobachten, das sich Anämische oder Gichtische oder Diabetiker selbst verordnen. Definition des Vegetariers: ein Wesen, das eine corroborirende Diät nöthig hat. Das Schädliche als schädlich empfinden, sich etwas Schädliches verbieten können ist ein Zeichen noch von Jugend, von Lebenskraft. Den Erschöpften lockt das Schädliche: den Vegetarier das Gemüse. Die Krankheit selbst kann ein Stimulans des Lebens sein: nur muss man gesund genug für dies

Stimulans sein! – Wagner vermehrt die Erschöpfung: deshalb zieht er die Schwachen und Erschöpften an. Oh über das Klapperschlangen-Glück des alten Meisters, da er gerade immer »die Kindlein« zu sich kommen sah! –

Ich stelle diesen Gesichtspunkt voran: Wagner's Kunst ist krank. Die Probleme, die er auf die Bühne bringt – lauter Hysteriker-Probleme –, das Convulsivische seines Affekts, seine überreizte Sensibilität, sein Geschmack, der nach immer schärfern Würzen verlangte, seine Instabilität, die er zu Principien verkleidete, nicht am wenigsten die Wahl seiner Helden und Heldinnen, diese als physiologische Typen betrachtet (– eine Kranken-Galerie! –): Alles zusammen stellt ein Krankheitsbild dar, das keinen Zweifel lässt. Wagner est une névrose. Nichts ist vielleicht heute besser bekannt, Nichts jedenfalls besser studirt als der Proteus-Charakter der Degenerescenz, der hier sich als Kunst und Künstler verpuppt. Unsre Aerzte und Physiologen haben in Wagner ihren interessantesten Fall, zum Mindesten einen sehr vollständigen. Gerade, weil Nichts moderner ist als diese Gesammterkrankung, diese Spätheit und Überreiztheit der nervösen Maschinerie, ist Wagner der moderne Künstler par excellence, der Cagliostro der Modernität. In seiner Kunst ist auf die verführerischeste Art gemischt, was heute alle Welt am nöthigsten hat, – die drei grossen Stimulantia der Erschöpften, das Brutale, das Künstliche und das Unschuldige (Idiotische).

Wagner ist ein grosser Verderb für die Musik. Er hat in ihr das Mittel errathen, müde Nerven zu reizen, – er hat die Musik damit krank gemacht. Seine Erfindungsgabe ist keine kleine in der Kunst, die Erschöpftesten wieder aufzustacheln, die Halbtodten in's Leben zu rufen. Er ist der Meister hypnotischer Griffe, er wirft die Stärksten noch wie Stiere um. Der Erfolg Wagner's – sein Erfolg bei den Nerven und folglich bei den Frauen – hat die ganze ehrgeizige Musiker-Welt zu Jüngern seiner Geheimkunst gemacht. Und nicht nur die ehrgeizige, auch die kluge ... Man macht heute nur Geld mit kranker Musik; unsre grossen Theater leben von Wagner.

6.

– Ich gestatte mir wieder eine Erheiterung. Ich setze den Fall, dass der Erfolg Wagner's leibhaft würde, Gestalt annähme, dass er, verkleidet zum menschenfreundlichen Musikgelehrten, sich unter junge Künstler mischte. Wie meinen Sie wohl, dass er sich da verlautbarte? –

Meine Freunde, würde er sagen, reden wir fünf Worte unter uns. Es ist leichter, schlechte Musik zu machen als gute. Wie? wenn es ausserdem auch noch vortheilhafter wäre? wirkungsvoller, überredender, begeisternder, zuverlässiger? wagnerischer? ... Pulchrum est paucorum hominum. Schlimm genug! Wir verstehn Latein, wir verstehn vielleicht auch unsern Vortheil. Das Schöne hat seinen Haken: wir wissen das. Wozu also Schönheit? Warum nicht lieber das Grosse, das Erhabne, das Gigantische, Das, was die Massen bewegt? – Und nochmals: es ist leichter, gigantisch zu sein als schön; wir wissen das...

Wir kennen die Massen, wir kennen das Theater. Das Beste, was darin sitzt, deutsche Jünglinge, gehörnte Siegfriede und andre Wagnerianer, bedarf des Erhabenen, des Tiefen, des Überwältigenden. So viel vermögen wir noch. Und das Andre, das auch noch darin sitzt, die Bildungs-Cretins, die kleinen Blasirten, die Ewig-Weiblichen, die Glücklich-Verdauenden, kurz das Volk – bedarf ebenfalls des Erhabenen, des Tiefen, des Überwältigenden. Das hat Alles einerlei Logik. »Wer uns umwirft, der ist stark; wer uns erhebt, der ist göttlich; wer uns ahnen macht, der ist tief.« – Entschliessen wir uns, meine Herrn Musiker: wir wollen sie umwerfen, wir wollen sie erheben, wir wollen sie ahnen machen. So viel vermögen wir noch.

Was das Ahnen-machen betrifft: so nimmt hier unser Begriff »Stil« seinen Ausgangspunkt. Vor Allem kein Gedanke! Nichts ist compromittirender als ein Gedanke! Sondern der Zustand *vor* dem Gedanken, das Gedräng der noch nicht geborenen Gedanken, das Versprechen zukünftiger Gedanken, die Welt, wie sie war, bevor Gott sie schuf, – eine Recrudescenz des Chaos ... Das Chaos macht ahnen ...

In der Sprache des Meisters geredet: Unendlichkeit, aber ohne Melodie.

Was, zuzweit, das Umwerfen angeht, so gehört dies zum Theil schon in die Physiologie. Studiren wir vor Allem die Instrumente. Einige von ihnen überreden selbst noch die Eingeweide (– sie *öffnen* die Thore, mit Händel zu reden), andre bezaubern das Rückenmark. Die Farbe des Klangs entscheidet hier; *was* erklingt, ist beinahe gleichgültig. Raffiniren wir in *diesem* Punkte! Wozu uns sonst verschwenden? Seien wir im Klang charakteristisch bis zur Narrheit! Man rechnet es unserm Geiste zu, wenn wir mit Klängen viel zu rathen geben! Agaçiren wir die Nerven, schlagen wir sie todt, handhaben wir Blitz und Donner, – das wirft um ...

Vor Allem aber wirft die *Leidenschaft* um. – Verstehen wir uns über die Leidenschaft. Nichts ist wohlfeiler als die Leidenschaft! Man kann aller Tugenden des Contrapunktes entrathen, man braucht Nichts gelernt zu haben, – die Leidenschaft kann man immer! Die Schönheit ist schwierig: hüten wir uns vor der Schönheit! ... Und gar die *Melodie*! Verleumden wir, meine Freunde, verleumden wir, wenn anders es uns ernst ist mit dem Ideale, verleumden wir die Melodie! Nichts ist gefährlicher als eine schöne Melodie! Nichts verdirbt sicherer den Geschmack! Wir sind verloren, meine Freunde, wenn man wieder schöne Melodien liebt! ...

Grundsatz: die Melodie ist unmoralisch. *Beweis*: Palestrina. *Nutzanwendung*: Parsifal. Der Mangel an Melodie heiligt selbst …

Und dies ist die Definition der Leidenschaft. Leidenschaft – oder die Gymnastik des Hässlichen auf dem Seile der Enharmonik. – Wagen wir es, meine Freunde, hässlich zu sein! Wagner hat es gewagt! Wälzen wir unverzagt den Schlamm der widrigsten Harmonien vor uns her! Schonen wir unsre Hände nicht! Erst damit werden wir *natürlich* …

Einen letzten Rath! Vielleicht fasst er Alles in Eins. – *Seien wir Idealisten!* – Dies ist, wenn nicht das Klügste, so doch das Weiseste, was wir thun können. Um die Menschen zu erheben, muss man selbst erhaben sein. Wandeln wir über Wolken, haranguiren wir das Unendliche, stellen wir die grossen Symbole um uns herum! Sursum! Bumbum! – es giebt keinen besseren Rath. Der »gehobene Busen« sei unser Argument, das »schöne Gefühl« unser Fürsprecher. Die Tugend behält Recht noch gegen den Contrapunkt. »Wer uns verbessert, wie sollte der nicht selbst gut sein?« so hat die Menschheit immer geschlossen. Verbessern wir also die Menschheit! – damit wird man gut (damit wird man selbst »Klassiker«: – Schiller wurde »Klassiker«). Das Haschen nach niederem Sinnesreiz, nach der sogenannten Schönheit hat den Italiäner entnervt: bleiben wir deutsch! Selbst Mozart's Verhältniss zur Musik – Wagner hat es *uns* zum Trost gesagt! – war im Grunde frivol … Lassen wir niemals zu, dass die Musik »zur Erholung diene«; dass sie »erheitere«; dass sie »Vergnügen mache«. *Machen wir nie Vergnügen!* – wir sind verloren, wenn man von der Kunst wieder hedonistisch denkt … Das ist schlechtes achtzehntes Jahrhundert … Nichts dagegen dürfte räthlicher sein, bei Seite gesagt, als eine Dosis – *Mucker*thum, sit venia verbo. Das giebt Würde. – Und wählen wir die Stunde, wo es sich schickt, schwarz zu blicken, öffentlich zu seufzen, christlich zu seufzen, das grosse christliche Mitleiden zur Schau zu stellen. »Der Mensch ist verderbt: wer erlöst ihn? was erlöst ihn?« – Antworten wir nicht. Seien wir vorsichtig. Bekämpfen wir unsern Ehrgeiz, welcher Religionen stiften möchte. Aber Niemand darf zweifeln, dass wir ihn erlösen, dass unsre Musik allein erlöst ... (Wagner's Aufsatz »Religion und Kunst«.)

7.

Genug! Genug! Man wird, fürchte ich, zu deutlich nur unter meinen heitern Strichen die sinistre Wirklichkeit wiedererkannt haben – das Bild eines Verfalls der Kunst, eines Verfalls auch der Künstler. Der letztere, ein Charakter-Verfall, käme vielleicht mit dieser Formel zu einem vorläufigen Ausdruck: der Musiker wird jetzt zum Schauspieler, seine Kunst entwikkelt sich immer mehr als ein Talent zu lügen. Ich werde eine Gelegenheit haben (in einem Capitel meines Hauptwerks, das den Titel führt »Zur Physiologie der Kunst«), des Näheren zu zeigen, wie diese Gesammtverwandlung der Kunst in's Schauspielerische eben so bestimmt ein Ausdruck physiologischer Degenerescenz (genauer, eine Form des Hysterismus) ist, wie jede einzelne Verderbniss und Gebrechlichkeit der durch Wagner inaugurirten Kunst: zum Beispiel die Unruhe ihrer Optik, die dazu nöthigt, in jedem Augenblick die Stellung vor ihr zu wechseln. Man versteht Nichts von Wagner, so lange man in ihm nur ein Naturspiel, eine Willkür und Laune, eine Zufälligkeit sieht. Er war kein »lückenhaftes«, kein »verunglücktes«, kein »contradiktorisches« Genie, wie man wohl gesagt hat. Wagner war etwas Vollkommnes, ein typischer décadent, bei dem jeder »freie Wille« fehlt, jeder Zug Nothwendigkeit hat. Wenn irgend Etwas interessant ist an Wagner, so ist es die Logik, mit der ein physiologischer Missstand als Praktik und

Prozedur, als Neuerung in den Principien, als Krisis des Geschmacks Schluss für Schluss, Schritt für Schritt macht.

Ich halte mich dies Mal nur bei der Frage des Stils auf. – Womit kennzeichnet sich jede litterarische décadence? Damit, dass das Leben nicht mehr im Ganzen wohnt. Das Wort wird souverain und springt aus dem Satz hinaus, der Satz greift über und verdunkelt den Sinn der Seite, die Seite gewinnt Leben auf Unkosten des Ganzen – das Ganze ist kein Ganzes mehr. Aber das ist das Gleichniss für jeden Stil der décadence: jedes Mal Anarchie der Atome, Disgregation des Willens, »Freiheit des Individuums«, moralisch geredet, – zu einer politischen Theorie erweitert »gleiche Rechte für Alle«. Das Leben, die gleiche Lebendigkeit, die Vibration und Exuberanz des Lebens in die kleinsten Gebilde zurückgedrängt, der Rest arm an Leben. Überall Lähmung, Mühsal, Erstarrung oder Feindschaft und Chaos: beides immer mehr in die Augen springend, in je höhere Formen der Organisation man aufsteigt. Das Ganze lebt überhaupt nicht mehr: es ist zusammengesetzt, gerechnet, künstlich, ein Artefakt. –

Bei Wagner steht im Anfang die Hallucination: nicht von Tönen, sondern von Gebärden. Zu ihnen sucht er erst die Ton-Semiotik. Will man ihn bewundern, so sehe man ihn hier an der Arbeit: wie er hier trennt, wie er kleine Einheiten gewinnt, wie er diese belebt, heraustreibt, sichtbar macht. Aber daran erschöpft sich seine Kraft: der Rest taugt Nichts. Wie armselig, wie verlegen, wie laienhaft ist seine Art zu »entwickeln«, sein Versuch, Das, was nicht auseinander gewachsen ist, wenigstens durcheinander zu stecken! Seine Manieren dabei erinnern an die auch sonst für Wagner's Stil heranziehbaren frères de Goncourt: man hat eine Art Erbarmen mit soviel Nothstand. Dass Wagner seine Unfähigkeit zum organischen Gestalten in ein Princip verkleidet hat, dass er einen »dramatischen Stil« statuirt, wo wir bloss sein Unvermögen zum Stil überhaupt statuiren, entspricht einer kühnen Gewohnheit, die Wagnern durch's ganze Leben begleitet hat: er setzt ein Princip an, wo ihm ein Vermögen fehlt (– sehr verschieden hierin, anbei gesagt, vom alten Kant, der eine andre Kühnheit liebte: nämlich überall, wo ihm ein Princip fehlte, ein »Vermögen« dafür im Menschen anzusetzen ...). Nochmals gesagt: bewunderungswürdig, liebenswürdig ist Wagner nur in der Erfindung des Kleinsten, in der Ausdichtung des Détails, – man hat alles Recht auf seiner Seite, ihn hier als einen Meister ersten Ranges zu proklamiren, als unsern grössten Miniaturisten der Musik, der in den kleinsten Raum eine Unendlichkeit von Sinn und Süsse drängt. Sein Reichthum an Farben, an Halbschatten, an Heimlichkeiten absterbenden Lichts verwöhnt dergestalt, dass Einem hinterdrein fast alle andern Musiker zu robust vorkommen. – Will man mir glauben, so hat man den höchsten Begriff Wagner nicht aus dem zu entnehmen, was heute von ihm gefällt. Das ist zur Überredung von Massen erfunden, davor springt Unsereins wie vor einem allzufrechen Affresco zurück. Was geht uns die agaçante Brutalität der Tannhäuser-Ouvertüre an? Oder der Circus Walküre? Alles, was von Wagner's Musik auch abseits vom Theater populär geworden ist, ist zweifelhaften Geschmacks und verdirbt den Geschmack. Der Tannhäuser-Marsch scheint mir der Biedermännerei verdächtig; die Ouvertüre zum fliegenden Holländer ist ein Lärm um Nichts; das Lohengrin-Vorspiel gab das erste, nur zu verfängliche, nur zu gut gerathene Beispiel dafür, wie man auch mit Musik hypnotisirt (– ich mag alle Musik nicht, deren Ehrgeiz nicht weiter geht als die Nerven zu überreden). Aber vom Magnétiseur und Affresco-Maler Wagner abgesehn giebt es noch einen Wagner, der kleine Kostbarkeiten bei Seite legt: unsern grössten Melancholiker der Musik, voll von Blikken, Zärtlichkeiten und Trostworten, die ihm Keiner vorweggenommen hat, den Meister in Tönen eines schwermüthigen und schläfrigen Glücks ... Ein Lexikon der intimsten Worte Wagner's, lauter kurze Sachen von fünf bis fünfzehn Takten, lauter Musik, die Niemand kennt ... Wagner hatte die Tugend der décadents, das Mitleiden – – –

8.

– »Sehr gut! Aber wie kann man seinen Geschmack an diesen décadent verlieren, wenn man nicht zufällig ein Musiker, wenn man nicht zufällig selbst ein décadent ist?« – Umgekehrt! Wie kann man's nicht! Versuchen Sie's doch! – Sie wissen nicht, wer Wagner ist: ein ganz grosser Schauspieler! Giebt es überhaupt eine tiefere, eine schwerere Wirkung im Theater? Sehen Sie doch diese Jünglinge – erstarrt, blass, athemlos! Das sind Wagnerianer: das versteht Nichts von Musik, – und trotzdem wird Wagner über sie Herr ... Wagner's Kunst drückt mit hundert Atmosphären: bücken Sie sich nur, man kann nicht anders ... Der Schauspieler Wagner ist ein Tyrann, sein Pathos wirft jeden Geschmack, jeden Widerstand über den Haufen. – Wer hat diese Überzeugungskraft der Gebärde, wer sieht so bestimmt, so zu allererst die Gebärde! Dies Athem-Anhalten des Wagnerischen Pathos, dies Nicht-mehr-loslassen-Wollen eines extremen Gefühls, diese Schrecken einflössende Länge in Zuständen, wo der Augenblick schon erwürgen will! – –

War Wagner überhaupt ein Musiker? Jedenfalls war er etwas Anderes mehr: nämlich ein unvergleichlicher Histrio, der grösste Mime, das erstaunlichste Theater-Genie, das die Deutschen gehabt haben, unser Sceniker par excellence. Er gehört wo andershin als in die Geschichte der Musik: mit deren grossen Echten soll man ihn nicht verwechseln. Wagner und Beethoven – das ist eine Blasphemie – und zuletzt ein Unrecht selbst gegen Wagner ... Er war auch als Musiker nur Das, was er überhaupt war: er *wurde* Musiker, er *wurde* Dichter, weil der Tyrann in ihm, sein Schauspieler-Genie ihn dazu zwang. Man erräth Nichts von Wagner, so lange man nicht seinen dominirenden Instinkt errieth.

Wagner war *nicht* Musiker von Instinkt. Dies bewies er damit, dass er alle Gesetzlichkeit und, bestimmter geredet, allen Stil in der Musik preisgab, um aus ihr zu machen, was er nöthig hatte, eine Theater-Rhetorik, ein Mittel des Ausdrucks, der Gebärden-Verstärkung, der Suggestion, des Psychologisch-Pittoresken. Wagner dürfte uns hier als Erfinder und Neuerer ersten Ranges gelten – *er hat das Sprachvermögen der Musik in's Unermessliche vermehrt* –: er ist der Victor Hugo der Musik als Sprache. Immer vorausgesetzt, dass man zuerst gelten lässt, Musik *dürfe* unter Umständen nicht Musik, sondern Sprache, sondern Werkzeug, sondern ancilla dramaturgica sein. Wagner's Musik, *nicht* vom Theater-Geschmacke, einem sehr toleranten Geschmacke, in Schutz genommen, ist einfach schlechte Musik, die schlechteste überhaupt, die vielleicht gemacht worden ist. Wenn ein Musiker nicht mehr bis drei zählen kann, wird er »dramatisch«, wird er »Wagnerisch« …

Wagner hat beinahe entdeckt, welche Magie selbst noch mit einer aufgelösten und gleichsam *elementarisch* gemachten Musik ausgeübt werden kann. Sein Bewusstsein davon geht bis in's Unheimliche, wie sein Instinkt, die höhere Gesetzlichkeit, den *Stil* gar nicht nöthig zu haben. Das Elementarische *genügt* – Klang, Bewegung, Farbe, kurz die Sinnlichkeit der Musik. Wagner rechnet nie als Musiker, von irgend einem Musiker-Gewissen aus: er will die Wirkung, er will Nichts als die Wirkung. Und er kennt das, worauf er zu wirken hat! – Er hat darin die Unbedenklichkeit, die Schiller hatte, die jeder Theatermensch hat, er hat auch dessen Verachtung der Welt, die er sich zu Füssen legt!… Man ist Schauspieler damit, dass man

Eine Einsicht vor dem Rest der Menschen voraus hat: was als wahr wirken soll, darf nicht wahr sein. Der Satz ist von Talma formulirt: er enthält die ganze Psychologie des Schauspielers, er enthält – zweifeln wir nicht daran! – auch dessen Moral. Wagner's Musik ist niemals wahr.

– Aber man hält sie dafür: und so ist es in Ordnung. –

So lang man noch kindlich ist und Wagnerianer dazu, hält man Wagner selbst für reich, selbst für einen Ausbund von Verschwender, selbst für einen Grossgrundbesitzer im Reich des Klangs. Man bewundert an ihm, was junge Franzosen an Victor Hugo bewundern, die »königliche Freigebigkeit«. Später bewundert man den Einen wie den Andern aus umgekehrten Gründen: als Meister und Muster der Oekonomie, als kluge Gastgeber. Niemand kommt ihnen darin gleich, mit bescheidenem Aufwand eine fürstliche Tafel zu repräsentiren. – Der Wagnerianer, mit seinem gläubigen Magen, wird sogar satt bei der Kost, die ihm sein Meister vorzaubert. Wir Anderen, die wir in Büchern wie in Musik vor Allem Substanz verlangen und denen mit bloss »repräsentirten« Tafeln kaum gedient ist, sind viel schlimmer dran. Auf deutsch: Wagner giebt uns nicht genug zu beissen. Sein recitativo – wenig Fleisch, schon mehr Knochen und sehr viel Brühe – ist von mir »alla genovese« getauft: womit ich durchaus den Genuesen nicht geschmeichelt haben will, wohl aber dem älteren recitativo, dem recitativo secco. Was gar das Wagnerische »Leitmotiv« betrifft, so fehlt mir dafür alles kulinarische Verständniss. Ich würde es, wenn man mich drängt, vielleicht als idealen Zahnstocher gelten lassen, als Gelegenheit, Reste von Speisen los zu werden. Bleiben die »Arien« Wagner's – Und nun sage ich kein Wort mehr.

9.

Auch im Entwerfen der Handlung ist Wagner vor Allem Schauspieler. Was zuerst ihm aufgeht, ist eine Scene von unbedingt sichrer Wirkung, eine wirkliche Actio* mit einem hautrelief der Gebärde, eine Scene, die umwirft – diese denkt er in die Tiefe, aus ihr zieht er erst die Charaktere. Der ganze Rest folgt daraus, einer technischen Ökonomik gemäss, die keine Gründe hat, subtil zu sein. Es ist nicht das Publikum Corneille's, das Wagner zu schonen hat: blosses neunzehntes Jahrhundert. Wagner würde über »das Eine, was noth thut« ungefähr urtheilen, wie jeder andre Schauspieler heute urtheilt: eine Reihe starker Scenen, eine stärker als die andre – und, dazwischen, viel kluge Stupidität. Er sucht sich selbst zuerst die Wirkung seines Werkes zu garantiren, er beginnt mit dem dritten Akte, er beweist sich sein Werk mit dessen letzter Wirkung. Mit einem solchen Theaterverstande als Führer ist man nicht in Gefahr, unversehens ein Drama zu schaffen. Das Drama verlangt die harte Logik: aber was lag Wagnern überhaupt an der Logik! Nochmals gesagt: es ist nicht das Publikum Corneille's, das er zu schonen hatte: blosse Deutsche! Man weiss, bei welchem technischen Problem der

* Anmerkung. Es ist ein wahres Unglück für die Aesthetik gewesen, dass man das Wort Drama immer mit »Handlung« übersetzt hat. Nicht Wagner allein irrt hierin; alle Welt ist noch im Irrthum; die Philologen sogar, die es besser wissen sollten. Das antike Drama hatte grosse Pathosscenen im Auge – es schloss gerade die Handlung aus (verlegte sie vor den Anfang oder hinter die Scene). Das Wort Drama ist dorischer Herkunft: und nach dorischem Sprachgebrauch bedeutet es »Ereigniss,« »Geschichte,« beide Worte in hieratischem Sinne. Das älteste Drama stellte die Ortslegende dar, die »heilige Geschichte,« auf der die Gründung des Cultus ruhte (– also kein Thun, sondern ein Geschehen: δρᾶν heisst im Dorischen gar nicht »thun«).

Dramatiker alle seine Kraft ansetzt und oft Blut schwitzt: dem Knoten Nothwendigkeit zu geben und ebenso der Lösung, so dass beide nur auf eine einzige Art möglich sind, beide den Eindruck der Freiheit machen (Princip des kleinsten Aufwandes von Kraft). Nun, dabei schwitzt Wagner am wenigsten Blut; gewiss ist, dass er für Knoten und Lösung den kleinsten Aufwand von Kraft macht. Man nehme irgend einen »Knoten« Wagner's unter das Mikroskop – man wird dabei zu lachen haben, das verspreche ich. Nichts erheiternder als der Knoten des Tristan, es müsste denn der Knoten der Meistersinger sein. Wagner ist kein Dramatiker, man lasse sich Nichts vormachen. Er liebte das Wort »Drama«: das ist Alles – er hat immer die schönen Worte geliebt. Das Wort »Drama« in seinen Schriften ist trotzdem bloss ein Missverständniss (– und eine Klugheit: Wagner that immer vornehm gegen das Wort »Oper« –); ungefähr wie das Wort »Geist« im neuen Testament bloss ein Missverständniss ist. – Er war schon nicht Psychologe genug zum Drama; er wich instinktiv der psychologischen Motivirung aus – womit? damit, dass er immer die Idiosynkrasie an deren Stelle rückte ... Sehr modern, nicht wahr? sehr Pariserisch! sehr décadent! ... Die Knoten, anbei gesagt, die thatsächlich Wagner mit Hülfe dramatischer Erfindungen zu lösen weiss, sind ganz andrer Art. Ich gebe ein Beispiel. Nehmen wir den Fall, dass Wagner eine Weiberstimme nöthig hat. Ein ganzer Akt ohne Weiberstimme – das geht nicht! Aber die »Heldinnen« sind im Augenblick alle nicht frei. Was thut Wagner? Er emancipirt das älteste Weib der Welt, die Erda: »herauf, alte Grossmutter! Sie müssen singen!« Erda singt. Wagner's Absicht ist erreicht. Sofort schafft er die alte Dame wieder ab. »Wozu kamen Sie eigentlich? Ziehn Sie ab! Schlafen Sie gefälligst weiter!« – In summa: eine Scene voller mythologischer Schauder, bei der der Wagnerianer ahnt ...

– »Aber der Gehalt der Wagnerischen Texte! ihr mythischer Gehalt, ihr ewiger Gehalt!« – Frage: wie prüft man diesen Gehalt, diesen ewigen Gehalt? – Der Chemiker antwortet: man übersetzt Wagnern in's Reale, in's Moderne, – seien wir noch grausamer! in's Bürgerliche! Was wird dabei aus Wagner? – Unter uns, ich habe es versucht. Nichts unterhaltender, Nichts für Spaziergänge mehr zu empfehlen als sich Wagnern in *verjüngten* Proportionen zu erzählen: zum Beispiel Parsifal als Candidaten der Theologie, mit Gymnasialbildung (– letztere als unentbehrlich zur *reinen Thorheit*). Welche Überraschungen man dabei erlebt! Würden Sie es glauben, dass die Wagnerischen Heroïnen sammt und sonders, sobald man nur erst den heroischen Balg abgestreift hat, zum Verwechseln Madame Bovary ähnlich sehn! – wie man umgekehrt auch begreift, dass es Flaubert *freistand*, seine Heldin in's Skandinavische oder Karthagische zu übersetzen und sie dann, mythologisirt, Wagnern als Textbuch anzubieten. Ja, in's Grosse gerechnet, scheint Wagner sich für keine andern Probleme interessirt zu haben, als die, welche heute die kleinen Pariser décadents interessiren. Immer fünf Schritte weit vom Hospital! Lauter ganz moderne, lauter ganz *grossstädtische* Probleme! zweifeln Sie nicht daran! ... Haben Sie bemerkt (es gehört in diese Ideen-Association), dass die Wagnerischen Heldinnen keine Kinder bekommen? – Sie *können's* nicht ... Die Verzweiflung, mit der Wagner das Problem angegriffen hat, Siegfried überhaupt geboren werden zu lassen, verräth, *wie* modern er in diesem Punkte fühlte. – Siegfried »emancipirt das Weib« – doch ohne Hoffnung auf Nachkommenschaft. – Eine Thatsache endlich, die uns fassungslos lässt: Parsifal ist der Vater Lohengrin's! Wie hat er das gemacht? – Muss man sich hier daran erinnern, dass »die Keuschheit *Wunder* thut«? ...

Wagnerus dixit princeps in castitate auctoritas.

10.

Anbei noch ein Wort über die Schriften Wagner's: sie sind, unter Anderem, eine Schule der Klugheit. Das System von Prozeduren, das Wagner handhabt, ist auf hundert andre Fälle anzuwenden, – wer Ohren hat, der höre. Vielleicht habe ich einen Anspruch auf öffentliche Erkenntlichkeit, wenn ich den drei werthvollsten Prozeduren einen präcisen Ausdruck gebe.

Alles, was Wagner nicht kann, ist verwerflich.

Wagner könnte noch Vieles: aber er will es nicht, – aus Rigorosität im Princip.

Alles, was Wagner kann, wird ihm Niemand nachmachen, hat ihm Keiner vorgemacht, soll ihm Keiner nachmachen ... Wagner ist göttlich ...

Diese drei Sätze sind die Quintessenz von Wagner's Litteratur; der Rest ist – »Litteratur.«

– Nicht jede Musik hat bisher Litteratur nöthig gehabt: man thut gut, hier nach dem zureichenden Grund zu suchen. Ist es, dass Wagner's Musik zu schwer verständlich ist? Oder fürchtete er das Umgekehrte, dass man sie zu leicht versteht, – dass man sie nicht schwer genug versteht? – Thatsächlich hat er sein ganzes Leben Einen Satz wiederholt: dass seine Musik nicht nur Musik bedeute! Sondern mehr! Sondern unendlich viel mehr! ... »Nicht nur Musik« – so redet kein Musiker. Nochmals gesagt, Wagner konnte nicht aus dem Ganzen schaffen, er hatte gar keine Wahl, er musste Stückwerk machen, »Motive«, Gebärden, Formeln, Verdopplungen und Verhundertfachungen, er blieb Rhetor als Musiker – er musste grundsätzlich deshalb das »es bedeutet« in den Vordergrund bringen. »Die Musik ist immer nur ein Mittel«: das war seine

Theorie, das war vor Allem die einzige ihm überhaupt mögliche Praxis. Aber so denkt kein Musiker. – Wagner hatte Litteratur nöthig, um alle Welt zu überreden, seine Musik ernst zu nehmen, tief zu nehmen, »weil sie Unendliches bedeute«; er war zeitlebens der Commentator der »Idee«. – Was bedeutet Elsa? Aber kein Zweifel: Elsa ist »der unbewusste Geist des Volks« (– »mit dieser Erkenntniss wurde ich nothwendig zum vollkommnen Revolutionär« –).

Erinnern wir uns, dass Wagner in der Zeit, wo Hegel und Schelling die Geister verführten, jung war; dass er errieth, dass er mit Händen griff, was allein der Deutsche ernst nimmt – »die Idee«, will sagen Etwas, das dunkel, ungewiss, ahnungsvoll ist; dass Klarheit unter Deutschen ein Einwand, Logik eine Widerlegung ist. Schopenhauer hat, mit Härte, die Epoche Hegel's und Schelling's der Unredlichkeit geziehn – mit Härte, auch mit Unrecht: er selbst, der alte pessimistische Falschmünzer, hat es in Nichts »redlicher« getrieben als seine berühmteren Zeitgenossen. Lassen wir die Moral aus dem Spiele: Hegel ist ein Geschmack ... Und nicht nur ein deutscher, sondern ein europäischer Geschmack! – Ein Geschmack, den Wagner begriff! – dem er sich gewachsen fühlte! den er verewigt hat! – Er machte bloss die Nutzanwendung auf die Musik – er erfand sich einen Stil, der »Unendliches bedeutet,« – er wurde der Erbe Hegel's ... Die Musik als »Idee« – –

Und wie man Wagnern verstand! – Dieselbe Art Mensch, die für Hegel geschwärmt, schwärmt heute für Wagner; in seiner Schule schreibt man sogar Hegelisch! – Vor Allen verstand ihn der deutsche Jüngling. Die zwei Worte »unendlich« und »Bedeutung« genügten bereits: ihm wurde dabei auf eine unvergleichliche Weise wohl. Es ist nicht die Musik, mit der Wagner sich die Jünglinge erobert hat, es ist die »Idee«: – es ist das Räthselreiche seiner Kunst, ihr Versteckspielen unter hundert Symbolen, ihre Polychromie des Ideals, was diese Jünglinge zu Wagner führt und lockt; es ist Wagner's Genie der Wolkenbildung, sein Greifen, Schweifen und Streifen durch die Lüfte, sein Überall und Nirgendswo, genau Dasselbe, womit sie seiner Zeit Hegel verführt und verlockt hat! – Inmitten von Wagner's Vielheit, Fülle und Willkür sind sie wie bei sich selbst gerechtfertigt – »erlöst« –. Sie hören mit Zittern, wie in seiner Kunst die grossen Symbole aus vernebelter Ferne mit sanftem Donner laut werden; sie sind nicht ungehalten, wenn es zeitweilig grau, grässlich und kalt in ihr zugeht. Sind sie doch sammt und sonders, gleich Wagnern selbst, verwandt mit dem schlechten Wetter, dem deutschen Wetter! Wotan ist ihr Gott: aber Wotan ist der Gott des schlechten Wetters ... Sie haben Recht, diese deutschen Jünglinge, so wie sie nun einmal sind: wie könnten sie vermissen, was wir Anderen, was wir Halkyonier bei Wagnern vermissen – la gaya scienza; die leichten Füsse; Witz, Feuer, Anmuth; die grosse Logik; den Tanz der Sterne; die übermüthige Geistigkeit; die Lichtschauder des Südens; das glatte Meer – Vollkommenheit ...

11.

– Ich habe erklärt, wohin Wagner gehört – nicht in die Geschichte der Musik. Was bedeutet er trotzdem in deren Geschichte? Die Heraufkunft des Schauspielers in der Musik: ein capitales Ereigniss, das zu denken, das vielleicht auch zu fürchten giebt. In Formel: »Wagner und Liszt.« – Noch nie wurde die Rechtschaffenheit der Musiker, ihre »Echtheit« gleich gefährlich auf die Probe gestellt. Man greift es mit Händen: Der grosse Erfolg, der Massen-Erfolg ist nicht mehr auf Seite der Echten, – man muss Schauspieler sein, ihn zu haben! – Victor Hugo und Richard Wagner – sie bedeuten Ein und Dasselbe: dass in Niedergangs-Culturen, dass überall, wo den Massen die Entscheidung in die Hände fällt, die Echtheit überflüssig, nachtheilig, zurücksetzend wird. Nur der Schauspieler weckt noch die *grosse* Begeisterung. – Damit kommt für den Schauspieler das *goldene Zeitalter* herauf – für ihn und für Alles, was seiner Art verwandt ist. Wagner marschirt mit Trommeln und Pfeifen an der Spitze aller Künstler des Vortrags, der Darstellung, des Virtuosenthums; er hat zuerst die Kapellmeister, die Maschinisten und Theatersänger überzeugt. Nicht zu vergessen die Orchestermusiker: – er »erlöste« diese von der Langenweile ... Die Bewegung, die Wagner schuf, greift selbst in das Gebiet der Erkenntniss über: ganze zugehörige Wissenschaften tauchen langsam aus jahrhundertealter Scholastik empor. Ich hebe, um ein Beispiel zu geben, mit Auszeichnung die Verdienste *Riemann*'s um die Rhythmik hervor, des Ersten, der den Hauptbegriff der Interpunktion auch für die Musik geltend gemacht hat (leider vermittelst eines hässlichen Wortes: er nennt's »Phrasirung«). – Dies Alles sind, ich sage es mit Dankbarkeit, die Besten unter den Verehrern Wagner's, die Achtungswürdigsten – sie haben einfach Recht, Wagnern zu verehren. Der gleiche Instinkt verbindet sie mit einander, sie sehen in ihm ihren höchsten Typus, sie fühlen sich zur Macht, zur Grossmacht selbst umgewandelt, seit er sie mit seiner eignen Gluth entzündet hat. Hier nämlich, wenn irgendwo, ist der Einfluss Wagner's wirklich *wohlthätig* gewesen. Noch nie ist in dieser Sphäre so viel gedacht, gewollt, gearbeitet worden. Wagner hat allen diesen Künstlern ein neues Gewissen eingegeben: was sie jetzt von sich fordern, von sich *erlangen*, das haben sie nie vor Wagner von sich gefordert – sie waren früher zu bescheiden dazu. Es herrscht ein andrer Geist am Theater, seit Wagner's Geist daselbst herrscht: man verlangt das Schwerste, man tadelt hart, man lobt selten, – das Gute, das Ausgezeichnete gilt als Regel. Geschmack thut nicht mehr Noth; nicht einmal Stimme.

Man singt Wagner nur mit ruinirter Stimme: das wirkt »dramatisch«. Selbst Begabung ist ausgeschlossen. Das espressivo um jeden Preis, wie es das Wagnerische Ideal, das décadence-Ideal verlangt, verträgt sich schlecht mit Begabung. Dazu gehört bloss Tugend – will sagen Dressur, Automatismus, »Selbstverleugnung.« Weder Geschmack, noch Stimme, noch Begabung: die Bühne Wagner's hat nur Eins nöthig – Germanen! ... Definition des Germanen: Gehorsam und lange Beine ... Es ist voll tiefer Bedeutung, dass die Heraufkunft Wagner's zeitlich mit der Heraufkunft des »Reichs« zusammenfällt: beide Thatsachen beweisen Ein und Dasselbe – Gehorsam und lange Beine. – Nie ist besser gehorcht, nie besser befohlen worden. Die Wagnerischen Kapellmeister in Sonderheit sind eines Zeitalters würdig, das die Nachwelt einmal mit scheuer Ehrfurcht das klassische Zeitalter des Kriegs nennen wird. Wagner verstand zu commandiren; er war auch damit der grosse Lehrer. Er commandirte als der unerbittliche Wille zu sich, als die lebenslängliche Zucht an sich: Wagner, der vielleicht das grösste Beispiel der Selbstvergewaltigung abgiebt, das die Geschichte der Künste hat (– selbst Alfieri, sonst sein Nächstverwandter, ist noch überboten. Anmerkung eines Turiners).

12.

Mit dieser Einsicht, dass unsre Schauspieler verehrungswürdiger als je sind, ist ihre Gefährlichkeit nicht als geringer begriffen ... Aber wer zweifelt noch daran, was ich will, – was die drei Forderungen sind, zu denen mir diesmal mein Ingrimm, meine Sorge, meine Liebe zur Kunst den Mund geöffnet hat?

Dass das Theater nicht Herr über die Künste wird.

Dass der Schauspieler nicht zum Verführer der Echten wird.
Dass die Musik nicht zu einer Kunst zu lügen wird.

FRIEDRICH NIETZSCHE.

Nachschrift.

– Der Ernst der letzten Worte erlaubt mir, an dieser Stelle noch einige Sätze aus einer ungedruckten Abhandlung mitzutheilen, welche zum Mindesten über meinen Ernst in dieser Sache keinen Zweifel lassen. Jene Abhandlung ist betitelt: Was Wagner uns kostet.

Die Anhängerschaft an Wagner zahlt sich theuer. Ein dunkles Gefühl hierüber ist auch heute noch vorhanden. Auch der Erfolg Wagner's, sein Sieg, riss dies Gefühl nicht in der Wurzel aus. Aber ehemals war es stark, war es furchtbar, war es wie ein düsterer Hass – fast drei Viertheile von Wagner's Leben hindurch. Jener Widerstand, den er bei uns Deutschen fand, kann nicht hoch genug geschätzt und zu Ehren gebracht werden. Man wehrte sich gegen ihn wie gegen eine Krankheit, – nicht mit Gründen – man widerlegt keine Krankheit –, sondern mit Hemmung, Misstrauen, Verdrossenheit, Ekel, mit einem finsteren Ernste, als ob in ihm eine grosse Gefahr herumschliche. Die Herren Aesthetiker haben sich blossgestellt, als sie, aus drei Schulen der deutschen Philosophie heraus, Wagner's Principien mit »wenn« und »denn« einen absurden Krieg machten – was lag ihm an Principien, selbst den eigenen! – Die Deutschen selbst haben genug Vernunft im Instinkt gehabt, um hier sich jedes »wenn« und »denn« zu verbieten. Ein Instinkt ist geschwächt, wenn er sich rationalisirt: denn damit, dass er sich rationalisirt, schwächt er sich. Wenn es Anzeichen dafür giebt, dass, trotz dem Gesammt-Charakter der europäischen décadence, noch ein Grad Gesundheit, noch eine Instinkt-Witterung für Schädliches und Gefahrdrohendes im deutschen Wesen wohnt, so möchte ich unter ihnen am wenigsten diesen dumpfen Widerstand gegen Wagner unterschätzt wissen. Er macht uns Ehre, er erlaubt selbst zu hoffen: so viel Gesundheit hätte Frankreich nicht mehr aufzuwenden. Die Deutschen, die Verzögerer par excellence in der Geschichte, sind heute das zurückgebliebenste Culturvolk Europa's: dies hat seinen Vortheil, – eben damit sind sie relativ das jüngste.

Die Anhängerschaft an Wagner zahlt sich theuer. Die Deutschen haben eine Art Furcht vor ihm vor ganz Kurzem erst verlernt, – die Lust, ihn loszusein, kam ihnen bei jeder Gelegenheit.* – Erinnert man sich eines curiosen Umstandes noch, bei dem, ganz zuletzt, ganz unerwartet, jenes alte Gefühl wieder zum Vorschein kam? Es geschah beim Begräbnisse Wagner's, dass der erste deutsche Wagner-Verein, der Münchener, an seinem Grabe einen Kranz niederlegte, dessen Inschrift sofort berühmt wurde. »Erlösung dem Erlöser!« – lautete sie. Jedermann bewunderte die hohe Inspiration, die diese Inschrift diktirt hatte, Jedermann einen Geschmack, auf den die Anhänger Wagner's ein Vorrecht haben; Viele aber auch (es war seltsam genug!) machten an ihr dieselbe kleine Correctur: »Erlösung vom Erlöser!« – Man athmete auf. –

Die Anhängerschaft an Wagner zahlt sich theuer. Messen wir sie an ihrer Wirkung auf die Cultur. Wen hat eigentlich sei-

* Anmerkung. – War Wagner überhaupt ein Deutscher? Man hat einige Gründe, so zu fragen. Es ist schwer, in ihm irgend einen deutschen Zug ausfindig zu machen. Er hat, als der grosse Lerner, der er war, viel Deutsches nachmachen gelernt – das ist Alles. Sein Wesen selbst widerspricht dem, was bisher als deutsch empfunden wurde: nicht zu reden vom deutschen Musiker! – Sein Vater war ein Schauspieler Namens Geyer. Ein Geyer ist beinahe schon ein Adler ... Das, was bisher als »Leben Wagner's« in Umlauf gebracht ist, ist fable convenue, wenn nicht Schlimmeres. Ich bekenne mein Misstrauen gegen jeden Punkt, der bloss durch Wagner selbst bezeugt ist. Er hatte nicht Stolz genug zu irgend einer Wahrheit über sich, Niemand war weniger stolz; er blieb, ganz wie Victor Hugo, auch im Biographischen sich treu, – er blieb Schauspieler.

ne Bewegung in den Vordergrund gebracht? Was hat sie immer mehr in's Grosse gezüchtet? – Vor Allem die Anmaassung des Laien, des Kunst-Idioten. Das organisirt jetzt Vereine, das will seinen »Geschmack« durchsetzen, das möchte selbst in rebus musicis et musicantibus den Richter machen. Zuzweit: eine immer grössere Gleichgültigkeit gegen jede strenge, vornehme, gewissenhafte Schulung im Dienste der Kunst; an ihre Stelle gerückt den Glauben an das Genie, auf deutsch: den frechen Dilettantismus (– die Formel dafür steht in den Meistersingern). Zudritt und zuschlimmst: die Theatrokratie –, den Aberwitz eines Glaubens an den Vorrang des Theaters, an ein Recht auf Herrschaft des Theaters über die Künste, über die Kunst … Aber man soll es den Wagnerianern hundert Mal in's Gesicht sagen, was das Theater ist: immer nur ein Unterhalb der Kunst, immer nur etwas Zweites, etwas Vergröbertes, etwas für die Massen Zurechtgebogenes, Zurechtgelogenes! Daran hat auch Wagner Nichts verändert: Bayreuth ist grosse Oper – und nicht einmal gute Oper … Das Theater ist eine Form der Demolatrie in Sachen des Geschmacks, das Theater ist ein Massen-Aufstand, ein Plebiscit gegen den guten Geschmack … Dies eben beweist der Fall Wagner: er gewann die Menge, – er verdarb den Geschmack, er verdarb selbst für die Oper unsren Geschmack! –

Die Anhängerschaft an Wagner zahlt sich theuer. Was macht sie aus dem Geist? befreit Wagner den Geist? – Ihm eignet jede Zweideutigkeit, jeder Doppelsinn, Alles überhaupt, was die Ungewissen überredet, ohne ihnen zum Bewusstsein zu bringen, wofür sie überredet sind. Damit ist Wagner ein Verführer grossen Stils. Es giebt nichts Müdes, nichts Abgelebtes, nichts Lebensgefährliches und Weltverleumderisches in Dingen des Geistes, das von seiner Kunst nicht heimlich in Schutz genommen würde – es ist der schwärzeste Obskurantismus, den er in die Lichthüllen des Ideals verbirgt. Er schmeichelt jedem nihilistischen (– buddhistischen) Instinkte und verkleidet ihn in Musik, er schmeichelt jeder Christlichkeit, jeder religiösen Ausdrucksform der décadence. Man mache seine Ohren auf: Alles, was je auf dem Boden des *verarmten* Lebens aufgewachsen ist, die ganze Falschmünzerei der Transscendenz und des Jenseits, hat in Wagner's Kunst ihren sublimsten Fürsprecher – *nicht* in Formeln: Wagner ist zu klug für Formeln – sondern in einer Überredung der Sinnlichkeit, die ihrerseits wieder den Geist mürbe und müde macht. Die Musik als Circe ... Sein letztes Werk ist hierin sein grösstes Meisterstück. Der Parsifal wird in der Kunst der Verführung ewig seinen Rang behalten, als der *Geniestreich* der Verführung ... Ich bewundere dies Werk, ich möchte es selbst gemacht haben; in Ermangelung davon *verstehe ich es* ... Wagner war nie besser inspirirt als am Ende. Das Raffinement im Bündniss von Schönheit und Krankheit geht hier so weit, dass es über Wagner's frühere Kunst gleichsam Schatten legt: – sie erscheint zu hell, zu gesund. Versteht ihr das? Die Gesundheit, die Helligkeit als Schatten wirkend? als *Einwand* beinahe? ... So weit sind wir schon *reine Thoren* ... Niemals gab es einen grösseren Meister in dumpfen hieratischen Wohlgerüchen, – nie lebte ein gleicher Kenner alles *kleinen* Unendlichen, alles Zitternden und Überschwänglichen, aller Femininismen aus dem Idiotikon des Glücks! – Trinkt nur, meine Freunde, die Philtren dieser Kunst! Ihr findet nirgends eine angenehmere Art, euren Geist zu entnerven, eure Männlichkeit unter einem Rosengebüsche zu vergessen ... Ah dieser alte Zauberer! Dieser Klingsor aller Klingsore! Wie er *uns* damit den Krieg macht! uns, den freien Geistern! Wie er jeder Feigheit der modernen Seele mit Zaubermädchen-Tönen zu Willen redet! – Es gab nie einen solchen *Todhass* auf die Erkenntniss! – Man muss Cyniker sein, um hier nicht verführt zu werden, man muss beissen können, um hier nicht anzubeten.

Wohlan, alter Verführer! Der Cyniker warnt dich – cave canem …

Die Anhängerschaft an Wagner zahlt sich theuer. Ich beobachte die Jünglinge, die lange seiner Infektion ausgesetzt waren. Die nächste, relativ unschuldige Wirkung ist die ⟨Verderbniss⟩ des Geschmacks. Wagner wirkt wie ein fortgesetzter Gebrauch von Alkohol. Er stumpft ab, er verschleimt den Magen. Spezifische Wirkung: Entartung des rhythmischen Gefühls. Der Wagnerianer nennt zuletzt rhythmisch, was ich selbst, mit einem griechischen Sprüchwort, »den Sumpf bewegen« nenne. Schon viel gefährlicher ist die Verderbniss der Begriffe. Der Jüngling wird zum Mondkalb, – zum »Idealisten«. Er ist über die Wissenschaft hinaus; darin steht er auf der Höhe des Meisters. Dagegen macht er den Philosophen; er schreibt Bayreuther Blätter; er löst alle Probleme im Namen des Vaters, des Sohnes und des heiligen Meisters. Am unheimlichsten freilich bleibt die Verderbniss der Nerven. Man gehe Nachts durch eine grössere Stadt: überall hört man, dass mit feierlicher Wuth Instrumente genothzüchtigt werden – ein wildes Geheul mischt sich dazwischen. Was geht da vor? – Die Jünglinge beten Wagner an … Bayreuth reimt sich auf Kaltwasserheilanstalt. – Typisches Telegramm aus Bayreuth: *bereits bereut*. – Wagner ist schlimm für die Jünglinge; er ist verhängnissvoll für das Weib. Was ist, ärztlich gefragt, eine Wagnerianerin? – Es scheint mir, dass ein Arzt jungen Frauen nicht ernst genug diese Gewissens-Alternative stellen könnte: Eins *oder* das Andere. – Aber sie haben bereits gewählt. Man kann nicht zween Herren dienen, wenn der Eine Wagner heisst. Wagner hat das Weib erlöst; das Weib hat ihm dafür Bayreuth gebaut. Ganz Opfer, ganz Hingebung: man hat Nichts, was man ihm nicht geben würde. Das Weib verarmt sich zu Gunsten des Meisters, es wird rührend, es steht nackt vor ihm. – Die Wagnerianerin – die anmuthigste Zweideutigkeit, die es heute giebt: sie *ver-*

körpert die Sache Wagner's, – in ihrem Zeichen siegt seine Sache … Ah, dieser alte Räuber! Er raubt uns die Jünglinge, er raubt selbst noch unsre Frauen und schleppt sie in seine Höhle … Ah, dieser alte Minotaurus! Was er uns schon gekostet hat! Alljährlich führt man ihm Züge der schönsten Mädchen und Jünglinge in sein Labyrinth, damit er sie verschlinge, – alljährlich intonirt ganz Europa »auf nach Kreta! auf nach Kreta!« …

Zweite Nachschrift.

– Mein Brief, scheint es, ist einem Missverständnisse ausgesetzt. Auf gewissen Gesichtern zeigen sich die Falten der Dankbarkeit; ich höre selbst ein bescheidenes Frohlocken. Ich zöge vor, hier wie in vielen Dingen, verstanden zu werden. – Seitdem aber in den Weinbergen des deutschen Geistes ein neues Thier haust, der Reichswurm, die berühmte Rhinoxera, wird kein Wort von mir mehr verstanden. Die Kreuzzeitung selbst bezeugt es mir, nicht zu reden vom litterarischen Centralblatt. – Ich habe den Deutschen die tiefsten Bücher gegeben, die sie überhaupt besitzen – Grund genug, dass die Deutschen kein Wort davon verstehn ... Wenn ich in dieser Schrift Wagnern den Krieg mache – und, nebenbei, einem deutschen »Geschmack« –, wenn ich für den Bayreuther Cretinismus harte Worte habe, so möchte ich am allerwenigsten irgend welchen andren Musikern damit ein Fest machen. Andre Musiker kommen gegen Wagner nicht in Betracht. Es steht schlimm überhaupt. Der Verfall ist allgemein. Die Krankheit liegt in der Tiefe. Wenn Wagner der Name bleibt für den Ruin der Musik, wie Bernini für den Ruin der Skulptur, so ist er doch nicht dessen Ursache. Er hat nur dessen tempo beschleunigt, – freilich in einer Weise, dass man mit Entsetzen vor diesem fast plötzlichen Abwärts, Abgrundwärts steht. Er hatte die Naivetät der décadence: dies war seine Überlegenheit. Er glaubte an sie, er blieb vor keiner Logik der décadence stehn. Die Andern zögern – das unterscheidet sie. Sonst Nichts! ... Das Gemeinsame zwischen Wagner und »den Andern« – ich zähle es auf: der Niedergang der organisirenden Kraft; der Missbrauch überlieferter Mittel, ohne das rechtfertigende Vermögen, das zum-Zweck; die Falschmünzerei in der Nachbildung grosser Formen, für die heute Niemand stark, stolz, selbstgewiss, gesund genug ist; die Überlebendigkeit im Kleinsten; der Affekt um jeden Preis; das Raffinement als Ausdruck des *verarmten* Lebens; immer mehr Nerven an Stelle des Fleisches. – Ich kenne nur Einen Musiker, der heute noch im Stande ist, eine Ouvertüre aus *ganzem Holze* zu schnitzen: und Niemand kennt ihn … Was heute berühmt ist, macht, im Vergleich mit Wagner, nicht »bessere« Musik, sondern nur unentschiedenere, sondern nur gleichgültigere: – gleichgültigere, weil das Halbe damit abgethan ist, *dass das Ganze da ist*. Aber Wagner war ganz; aber Wagner war die ganze Verderbniss; aber Wagner war der Muth, der Wille, die *Überzeugung* in der Verderbniss – was liegt noch an Johannes Brahms! … Sein Glück war ein deutsches Missverständniss: man nahm ihn als Antagonisten Wagner's, – man *brauchte* einen Antagonisten! – Das macht keine *nothwendige* Musik, das macht vor Allem zu viel Musik! – Wenn man nicht reich ist, soll man stolz genug sein zur Armuth! … Die Sympathie, die Brahms unleugbar hier und da einflösst, ganz abgesehen von jenem Partei-Interesse, Partei-Missverständnisse, war mir lange ein Räthsel: bis ich endlich, durch einen Zufall beinahe, dahinter kam, dass er auf einen bestimmten Typus von Menschen wirkt. Er hat die Melancholie des Unvermögens; er schafft *nicht* aus der Fülle, er *durstet* nach der Fülle. Rechnet man ab, was er nachmacht, was er grossen alten oder exotisch-modernen Stilformen entlehnt – er ist Meister in der Copie –, so bleibt als sein Eigenstes die *Sehnsucht* … Das errathen die Sehnsüchtigen, die Unbefriedigten aller Art. Er ist zu wenig Person, zu wenig Mittelpunkt … Das verstehen die »Unpersönlichen«, die Peripherischen, – sie lieben ihn dafür. In Sonderheit ist er der Musiker einer Art unbefriedigter Frauen. Fünfzig Schritt weiter: und man hat die Wagnerianerin – ganz wie man fünfzig Schritt über Brahms hinaus Wagner findet –, die Wagnerianerin, einen ausgeprägteren, interessanteren, vor Allem *anmuthigeren* Typus. Brahms ist rührend, so lange er heimlich schwärmt oder über sich trauert – darin ist er »modern« –; er wird kalt, er geht uns Nichts mehr an, sobald er die Klassiker *beerbt* ... Man nennt Brahms gern den *Erben* Beethoven's: ich kenne keinen vorsichtigeren Euphemismus. – Alles, was heute in der Musik auf »grossen Stil« Anspruch macht, ist damit *entweder* falsch gegen uns *oder* falsch gegen sich. Diese Alternative ist nachdenklich genug: sie schliesst nämlich eine Casuistik über den Werth der zwei Fälle in sich ein. »Falsch gegen *uns*«: dagegen protestirt der Instinkt der Meisten – sie wollen nicht betrogen werden –; ich selbst freilich würde diesen Typus immer noch dem anderen (»falsch gegen *sich*«) vorziehn. Dies ist *mein* Geschmack. – Fasslicher, für die »Armen im Geiste« ausgedrückt: Brahms – *oder* Wagner ... Brahms ist *kein* Schauspieler. – Man kann einen guten Theil der *andren* Musiker in den Begriff Brahms subsumiren. – Ich sage kein Wort von den klugen Affen Wagner's, zum Beispiel von Goldmark: mit der »Königin von Saba« gehört man in die Menagerie, – man kann sich sehen lassen. – Was heute gut gemacht, meisterhaft gemacht werden kann, ist nur das Kleine. Hier allein ist noch Rechtschaffenheit möglich. – Nichts kann aber die Musik *in* der Hauptsache *von* der Hauptsache kuriren, von der Fatalität, Ausdruck des physiologischen Widerspruchs zu sein, – *modern* zu sein. Der beste Unterricht, die gewissenhafteste Schulung, die grundsätzliche Intimität, ja selbst Isolation in der Gesellschaft der alten Meister – das bleibt Alles nur palliativisch, strenger geredet, *illusorisch*, weil man die Voraussetzung dazu nicht mehr im Leibe hat: sei dies nun die starke Rasse eines Händel, sei es die überströmende Animalität eines Rossini. – Nicht Jeder hat das *Recht* zu jedem Lehrer: das gilt von ganzen Zeitaltern. – An sich ist die Möglichkeit nicht ausgeschlossen, dass es noch *Reste* stärkerer Geschlechter, typisch unzeitgemässer Menschen irgendwo in Europa giebt: von da aus wäre eine *verspä-*

tete Schönheit und Vollkommenheit auch für die Musik noch zu erhoffen. Was wir, besten Falls, noch erleben können, sind Ausnahmen. Von der Regel, dass die Verderbniss obenauf, dass die Verderbniss fatalistisch ist, rettet die Musik kein Gott. –

Epilog.

– Entziehen wir uns zuletzt, um aufzuathmen, für einen Augenblick der engen Welt, zu der jede Frage nach dem Werth von Personen den Geist verurtheilt. Ein Philosoph hat das Bedürfniss, sich die Hände zu waschen, nachdem er sich so lange mit dem »Fall Wagner« befasst hat. – Ich gebe meinen Begriff des Modernen. – Jede Zeit hat in ihrem Maass von Kraft ein Maass auch dafür, welche Tugenden ihr erlaubt, welche ihr verboten sind. Entweder hat sie die Tugenden des aufsteigenden Lebens: dann widerstrebt sie aus unterstem Grunde den Tugenden des niedergehenden Lebens. Oder sie ist selbst ein niedergehendes Leben, – dann bedarf sie auch der Niedergangs-Tugenden, dann hasst sie Alles, was aus der Fülle, was aus dem Überreichthum an Kräften allein sich rechtfertigt. Die Aesthetik ist unablöslich an diese biologischen Voraussetzungen gebunden: es giebt eine décadence-Aesthetik, es giebt eine klassische Aesthetik, – ein »Schönes an sich« ist ein Hirngespinst, wie der ganze Idealismus. – In der engeren Sphäre der sogenannten moralischen Werthe ist kein grösserer Gegensatz aufzufinden, als der einer Herren-Moral und der Moral der christlichen Werthbegriffe: letztere, auf einem durch und durch morbiden Boden gewachsen (– die Evangelien führen uns genau dieselben physiologischen Typen vor, welche die Romane Dostoiewsky's schildern), die Herren-Moral (»römisch«, »heidnisch«, »klassisch«, »Renaissance«) umgekehrt als die Zeichensprache der Wohlgerathenheit, des aufsteigenden Lebens, des Willens zur Macht als Princips des Lebens. Die Herren-Moral bejaht ebenso instinktiv, wie die christliche verneint (»Gott«, Jenseits«, »Entselbstung« lauter Negationen). Die erstere giebt aus ihrer Fülle an die Dinge ab – sie verklärt, sie verschönt, sie vernünftigt die Welt –, die letztere verarmt, verblasst, verhässlicht den Werth der Dinge, sie verneint die Welt. »Welt« ein christliches Schimpfwort. – Diese Gegensatzformen in der Optik der Werthe sind beide nothwendig: es sind Arten zu sehen, denen man mit Gründen und Widerlegungen nicht beikommt. Man widerlegt das Christenthum nicht, man widerlegt eine Krankheit des Auges nicht. Dass man den Pessimismus wie eine Philosophie bekämpft hat, war der Gipfelpunkt des gelehrten Idiotenthums. Die Begriffe »wahr« und »unwahr« haben, wie mir scheint, in der Optik keinen Sinn. – Wogegen man sich allein zu wehren hat, das ist die Falschheit, die Instinkt-Doppelzüngigkeit, welche diese Gegensätze nicht als Gegensätze empfinden will: wie es zum Beispiel Wagner's Wille war, der in solchen Falschheiten keine kleine Meisterschaft hatte. Nach der Herren-Moral, der vornehmen Moral hinschielen (– die isländische Sage ist beinahe deren wichtigste Urkunde –) und dabei die Gegenlehre, die vom »Evangelium der Niedrigen«, vom Bedürfniss der Erlösung, im Munde führen! ... Ich bewundere, anbei gesagt, die Bescheidenheit der Christen, die nach Bayreuth gehn. Ich selbst würde gewisse Worte nicht aus dem Munde eines Wagner aushalten. Es giebt Begriffe, die nicht nach Bayreuth gehören ... Wie? ein Christenthum, zurechtgemacht für Wagnerianerinnen, vielleicht von Wagnerianerinnen – denn Wagner war in alten Tagen durchaus feminini generis –? Nochmals gesagt, die Christen von heute sind mir zu bescheiden ... Wenn Wagner ein Christ war, nun dann war vielleicht Liszt ein Kirchenvater! – Das Bedürfniss nach Erlösung, der Inbegriff aller christlichen Bedürfnisse hat mit solchen Hanswursten Nichts zu thun: es ist die ehrlichste Ausdrucksform der décadence, es ist das überzeugteste, schmerzhafteste Ja-sagen zu ihr in sublimen Symbolen und Praktiken. Der Christ will von sich loskommen. Le moi est toujours haïssable. – Die vornehme Moral, die Herren-Moral, hat umgekehrt ihre Wurzel in einem triumphirenden Ja-sagen zu sich, – sie ist Selbstbejahung, Selbstverherrlichung des Lebens, sie braucht gleichfalls sublime Symbole und Praktiken, aber nur »weil ihr das Herz zu voll« ist. Die ganze schöne, die ganze grosse Kunst gehört hierher: beider Wesen ist Dankbarkeit. Andrerseits kann man von ihr nicht einen Instinkt-Widerwillen gegen die décadents, einen Hohn, ein Grauen selbst vor deren Symbolik abrechnen: dergleichen ist beinahe ihr Beweis. Der vornehme Römer empfand das Christenthum als foeda superstitio: ich erinnere daran, wie der letzte Deutsche vornehmen Geschmacks, wie Goethe das Kreuz empfand. Man sucht umsonst nach werthvolleren, nach nothwendigeren Gegensätzen ...*

– Aber eine solche Falschheit, wie die der Bayreuther, ist heute keine Ausnahme. Wir kennen alle den unästhetischen Begriff des christlichen Junkers. Diese Unschuld zwischen Gegensätzen, dies »gute Gewissen« in der Lüge ist vielmehr modern par excellence, man definirt beinahe damit die Modernität. Der moderne Mensch stellt, biologisch, einen Widerspruch der Werthe dar, er sitzt zwischen zwei Stühlen, er sagt in Einem Athem Ja und Nein. Was Wunder, dass gerade in unsern Zeiten die Falschheit selber Fleisch und sogar Genie wurde? dass Wagner »unter uns wohnte«? Nicht ohne Grund nannte ich Wagner den Cagliostro der Modernität ... Aber wir Alle haben, wider Wissen, wider Willen, Werthe, Worte, Formeln, Moralen entgegengesetzter Abkunft im Leibe, – wir

* Anmerkung. Über den Gegensatz »vornehme Moral« und »christliche Moral« unterrichtete zuerst meine »Genealogie der Moral«: es giebt vielleicht keine entscheidendere Wendung in der Geschichte der religiösen und moralischen Erkenntniss. Dies Buch, mein Prüfstein für Das, was zu mir gehört, hat das Glück, nur den höchstgesinnten und strengsten Geistern zugänglich zu sein: dem Reste fehlen die Ohren dafür. Man muss seine Leidenschaft in Dingen haben, wo sie heute Niemand hat ...

sind, physiologisch betrachtet, *falsch* ... Eine *Diagnostik der modernen Seele* – womit begönne sie? Mit einem resoluten Einschnitt in diese Instinkt-Widersprüchlichkeit, mit der Herauslösung ihrer Gegensatz-Werthe, mit der Vivisektion vollzogen an ihrem *lehrreichsten* Fall. – Der Fall Wagner ist für den Philosophen ein *Glücksfall*, – diese Schrift ist, man hört es, von der Dankbarkeit inspirirt ...

Nietzsche contra Wagner.

Aktenstücke eines Psychologen.
[1889]

Vorwort.

Die folgenden Capitel sind sämmtlich aus meinen älteren Schriften nicht ohne Vorsicht ausgewählt – einige gehn bis auf 1877 zurück –, verdeutlicht vielleicht hier und da, vor Allem verkürzt. Sie werden, hinter einander gelesen, weder über Richard Wagner, noch über mich einen Zweifel lassen: wir sind Antipoden. Man wird auch noch Andres dabei begreifen: zum Beispiel, dass dies ein Essai für Psychologen ist, aber nicht für Deutsche … Ich habe meine Leser überall, in Wien, in St. Petersburg, in Kopenhagen und Stockholm, in Paris, in New-York – ich habe sie nicht in Europa's Flachland Deutschland … Und ich hätte vielleicht auch den Herrn Italiänern ein Wort ins Ohr zu sagen, die ich liebe, ebensosehr als ich … Quousque tandem, Crispi … Triple alliance: mit dem »Reich« macht ein intelligentes Volk immer nur eine mésalliance …

Friedrich Nietzsche.

Turin, Weihnachten 1888.

Wo ich bewundere.

Ich glaube, dass die Künstler oft nicht wissen, was sie am besten können: sie sind zu eitel dazu. Ihr Sinn ist auf etwas Stolzeres gerichtet, als diese kleinen Pflanzen zu sein scheinen, welche neu, seltsam und schön, in wirklicher Vollkommenheit auf ihrem Boden zu wachsen wissen. Das letzthin Gute ihres eignen Gartens und Weinbergs wird von ihnen obenhin abgeschätzt, und ihre Liebe und ihre Einsicht sind nicht gleichen Ranges. Da ist ein Musiker, der mehr als irgend ein Musiker seine Meisterschaft darin hat, die Töne aus dem Reich leidender, gedrückter, gemarterter Seelen zu finden und auch noch dem stummen Elend Sprache zu geben. Niemand kommt ihm gleich in den Farben des späten Herbstes, dem unbeschreiblich rührenden Glück eines letzten, allerletzten, allerkürzesten Geniessens, er kennt einen Klang für jene heimlich-unheimlichen Mitternächte der Seele, wo Ursache und Wirkung aus den Fugen gekommen zu sein scheinen und jeden Augenblick Etwas »aus dem Nichts« entstehen kann. Er schöpft am glücklichsten von Allen aus dem untersten Grunde des menschlichen Glücks und gleichsam aus dessen ausgetrunkenem Becher, wo die herbsten und widrigsten Tropfen zu guter- und böserletzt mit den süssesten zusammengelaufen sind. Er kennt jenes müde Sichschieben der Seele, die nicht mehr springen und fliegen, ja nicht mehr gehen kann; er hat den scheuen Blick des verhehlten Schmerzes, des Verstehens ohne Trost, des Abschiednehmens ohne Geständniss; ja als Orpheus alles heimlichen Elends ist er grösser als irgend Einer, und Manches ist durch ihn überhaupt erst der Kunst hinzugefügt worden, was bisher unausdrücklich und selbst der Kunst unwürdig erschien – die cynischen Revolten zum Beispiel, deren nur der Leidendste fähig ist, insgleichen manches ganz Kleine und Mikroskopische der Seele, gleichsam die Schuppen ihrer amphibischen Natur –, ja er ist der Meister des ganz Kleinen. Aber er will es nicht sein! Sein Charakter liebt vielmehr die grossen Wände und die verwegene Wandmalerei! ... Es entgeht ihm, dass sein Geist einen andren Geschmack und Hang – eine entgegengesetzte Optik – hat und am liebsten still in den Winkeln zusammengestürzter Häuser sitzt: da, verborgen, sich selber verborgen, malt er seine eigentlichen Meisterstücke, welche alle sehr kurz sind, oft nur Einen Takt lang, – da erst wird er ganz gut, gross und vollkommen, da vielleicht allein. – Wagner ist Einer, der tief gelitten hat – sein Vorrang vor den übrigen Musikern. – Ich bewundere Wagner in Allem, worin er sich in Musik setzt. –

Wo ich Einwände mache.

Damit ist nicht gesagt, dass ich diese Musik für gesund halte, am wenigsten gerade da, wo sie von Wagner redet. Meine Einwände gegen die Musik Wagner's sind physiologische Einwände: wozu dieselben erst noch unter ästhetische Formeln verkleiden? Ästhetik ist ja nichts als eine angewandte Physiologie. – Meine »Thatsache«, mein »petit fait vrai« ist, dass ich nicht mehr leicht athme, wenn diese Musik erst auf mich wirkt; dass alsbald mein Fuss gegen sie böse wird und revoltirt: er hat das Bedürfniss nach Takt, Tanz, Marsch – nach Wagner's Kaisermarsch kann nicht einmal der junge deutsche Kaiser marschiren –, er verlangt von der Musik vorerst die Entzückungen, welche in gutem Gehn, Schreiten, Tanzen liegen. Protestirt aber nicht auch mein Magen? mein Herz? mein Blutlauf? betrübt sich nicht mein Eingeweide? Werde ich nicht unversehens heiser dabei ... Um Wagner zu hören, brauche ich Pastilles Gérandel ... Und so frage ich mich: was will eigentlich mein ganzer Leib von der Musik überhaupt? Denn es giebt keine Seele … Ich glaube, seine Erleichterung: wie als ob alle animalischen Funktionen durch leichte, kühne, ausgelassne, selbstgewisse Rhythmen beschleunigt werden sollten; wie als ob das eherne, das bleierne Leben durch goldene zärtliche ölgleiche Melodien seine Schwere verlieren sollte. Meine Schwermuth will in den Verstecken und Abgründen der Vollkommenheit ausruhn: dazu brauche ich Musik. Aber Wagner macht krank. – Was geht mich das Theater an? Was die Krämpfe seiner »sittlichen« Ekstasen, an denen das Volk – und wer ist nicht »Volk«! – seine Genugthuung hat! Was der ganze Gebärden-Hokuspokus des Schauspielers! – Man sieht, ich bin wesentlich antitheatralisch geartet, ich habe gegen das Theater, diese Massen-Kunst par excellence, den tiefen Hohn auf dem Grunde meiner Seele, den jeder Artist heute hat. Erfolg auf dem Theater – damit sinkt man in meiner Achtung bis auf Nimmer-wieder-sehn; Misserfolg – da spitze ich die Ohren und fange an zu achten … Aber Wagner war umgekehrt, neben dem Wagner, der die einsamste Musik gemacht hat, die es giebt, wesentlich noch Theatermensch und Schauspieler, der begeistertste Mimomane, den es vielleicht gegeben hat, auch noch als Musiker … Und, beiläufig gesagt, wenn es Wagner's Theorie gewesen ist »das Drama ist der Zweck, die Musik ist immer nur das Mittel« –, seine Praxis dagegen war, von Anfang bis zu Ende, »die Attitüde ist der Zweck, das Drama, auch die Musik, ist immer nur ihr Mittel«. Die Musik als Mittel zur Verdeutlichung, Verstärkung, Verinnerlichung der dramatischen Gebärde und Schauspieler-Sinnenfälligkeit; und das Wagnerische Drama nur eine Gelegenheit zu vielen interessanten Attitüden! – Er hatte, neben allen andren Instinkten, die kommandirenden Instinkte eines grossen Schauspielers in Allem und Jedem: und, wie gesagt, auch als Musiker. – Dies machte ich einmal, nicht ohne Mühe, einem Wagnerianer pur sang klar, – Klarheit und Wagnerianer! ich sage kein Wort mehr. Es gab Gründe, noch hinzuzufügen »seien Sie doch ein wenig ehrlicher gegen sich selbst! wir sind ja nicht in Bayreuth. In Bayreuth ist man nur als Masse ehrlich, als Einzelner lügt man, belügt man sich. Man lässt sich selbst zu Hause, wenn man nach Bayreuth geht, man verzichtet auf das Recht der eignen Zunge und Wahl, auf seinen Geschmack, selbst auf seine Tapferkeit, wie man sie zwischen den eignen vier Wänden gegen Gott und Welt hat und übt. In das Theater bringt Niemand die feinsten Sinne seiner Kunst mit, am wenigsten der Künstler, der für das Theater arbeitet, – es fehlt die Einsamkeit, alles Vollkommne verträgt keine Zeugen ... Im Theater wird man Volk, Heerde, Weib, Pharisäer, Stimmvieh, Patronatsherr, Idiot – Wagnerianer: da unterliegt auch noch das persönlichste Gewissen dem nivellirenden Zauber der grossen Zahl, da regiert der Nachbar, da wird man Nachbar ...«

Intermezzo.

– Ich sage noch ein Wort für die ausgesuchtesten Ohren: was ich eigentlich von der Musik will. Dass sie heiter und tief ist, wie ein Nachmittag im Oktober. Dass sie eigen, ausgelassen, zärtlich, ein kleines süsses Weib von Niedertracht und Anmuth ist ... Ich werde nie zulassen, dass ein Deutscher wissen könne, was Musik ist. Was man deutsche Musiker nennt, die grössten voran, sind Ausländer, Slaven, Croaten, Italiäner, Niederländer – oder Juden; im andren Falle Deutsche der starken Rasse, ausgestorbene Deutsche, wie Heinrich Schütz, Bach und Händel. Ich selbst bin immer noch Pole genug, um gegen Chopin den Rest der Musik hinzugeben: ich nehme, aus drei Gründen, Wagner's Siegfried-Idyll aus, vielleicht auch Liszt, der die vornehmen Orchester-Accente vor allen Musikern voraus hat; zuletzt noch Alles, was jenseits der Alpen gewachsen ist – diesseits ... Ich würde Rossini nicht zu missen wissen, noch weniger meinen Süden in der Musik, die Musik meines Venediger maëstro Pietro Gasti. Und wenn ich jenseits der Alpen sage, sage ich eigentlich nur Venedig. Wenn ich ein andres Wort für Musik suche, so finde ich immer nur das Wort Venedig. Ich weiss keinen Unterschied zwischen Thränen und Musik zu machen, ich weiss das Glück, den Süden nicht ohne Schauder von Furchtsamkeit zu denken.

An der Brücke stand
jüngst ich in brauner Nacht.
Fernher kam Gesang:
goldener Tropfen quoll's
über die zitternde Fläche weg.
Gondeln, Lichter, Musik –
trunken schwamm's in die Dämmrung hinaus ...

Meine Seele, ein Saitenspiel,
sang sich, unsichtbar berührt,
heimlich ein Gondellied dazu,
zitternd vor bunter Seligkeit.
– Hörte Jemand ihr zu? ...

Wagner als Gefahr.

1.

Die Absicht, welche die neuere Musik in dem verfolgt, was jetzt, sehr stark, aber undeutlich, »unendliche Melodie« genannt wird, kann man sich dadurch klar machen, dass man in's Meer geht, allmählich den sicheren Schritt auf dem Grunde verliert und sich endlich dem Elemente auf Gnade und Ungnade übergiebt: man soll schwimmen. In der älteren Musik musste man, im zierlichen oder feierlichen oder feurigen Hin und Wieder, Schneller und Langsamer, etwas ganz Anderes, nämlich tanzen. Das hierzu nöthige Maass, das Einhalten bestimmter gleich wiegender Zeit- und Kraftgrade erzwang von der Seele des Hörers eine fortwährende Besonnenheit, – auf dem Widerspiele dieses kühleren Luftzuges, welcher von der Besonnenheit herkam, und des durchwärmten Athems der Begeisterung ruhte der Zauber aller guten Musik. – Richard Wagner wollte eine andre Art Bewegung, – er warf die physiologische Voraussetzung der bisherigen Musik um. Schwimmen, Schweben – nicht mehr Gehn, Tanzen ... Vielleicht ist damit das Entscheidende gesagt. Die »unendliche Melodie« will eben alle Zeit- und Kraft-Ebenmässigkeit brechen, sie verhöhnt sie selbst mitunter, – sie hat ihren Reichthum der Erfindung gerade in dem, was einem älteren Ohre als rhythmische Paradoxie und Lästerung klingt. Aus einer Nachahmung, aus einer Herrschaft eines solchen Geschmacks entstünde eine Gefahr für die Musik, wie sie grösser gar nicht gedacht werden kann – die vollkommne Entartung des rhythmischen Gefühls, das Chaos an Stelle des Rhythmus ... Die Gefahr kommt auf die Spitze, wenn sich eine solche Musik immer enger an eine ganz naturalistische, durch kein Gesetz der Plastik beherrschte Schauspielerei und Gebärdenkunst anlehnt, die Wirkung will, nichts mehr ... Das espressivo um jeden Preis und die Musik im Dienste, in der Sklaverei der Attitüde – das ist das Ende ...

2.

Wie? wäre es wirklich die erste Tugend eines Vortrags, wie es die Vortragskünstler der Musik jetzt zu glauben scheinen, unter allen Umständen ein hautrelief zu erreichen, das nicht mehr zu überbieten ist? Ist dies zum Beispiel, auf Mozart angewendet, nicht die eigentliche Sünde wider den Geist Mozart's, den heiteren, schwärmerischen, zärtlichen, verliebten Geist Mozart's, der zum Glück kein Deutscher war und dessen Ernst ein gütiger, ein goldener Ernst ist und *nicht* der Ernst eines deutschen Biedermanns … Geschweige denn der Ernst des »steinernen Gastes« … Aber ihr meint, *alle* Musik sei Musik des »steinernen Gastes«, – *alle* Musik müsse aus der Wand hervorspringen und den Hörer bis in seine Gedärme hinein schütteln? … So erst *wirke* die Musik! – Auf *wen* wird da gewirkt? Auf Etwas, worauf ein *vornehmer* Künstler niemals wirken soll, – auf die Masse! auf die Unreifen! auf die Blasirten! auf die Krankhaften! auf die Idioten! auf *Wagnerianer!* …

Eine Musik ohne Zukunft.

Die Musik kommt von allen Künsten, die auf dem Boden einer bestimmten Cultur aufzuwachsen wissen, als die letzte aller Pflanzen zum Vorschein, vielleicht weil sie die innerlichste ist und, folglich, am spätesten anlangt, – im Herbst und Abblühen der jedes Mal zu ihr gehörenden Cultur. Erst in der Kunst der Niederländer Meister fand die Seele des christlichen Mittelalters ihren Ausklang, – ihre Ton-Baukunst ist die nachgeborne, aber echt- und ebenbürtige Schwester der Gothik. Erst in Händel's Musik erklang das Beste aus Luther's und seiner Verwandten Seele, der jüdisch-heroische Zug, welcher der Reformation einen Zug der Grösse gab – das alte Testament Musik geworden, *nicht* das neue. Erst Mozart gab dem Zeitalter Ludwig des Vierzehnten und der Kunst Racine's und Claude Lorrain's in *klingendem* Golde heraus; erst in Beethoven's und Rossini's Musik sang sich das achtzehnte Jahrhundert aus, das Jahrhundert der Schwärmerei, der zerbrochnen Ideale und des flüchtigen Glücks. Jede wahrhafte, jede originale Musik ist Schwanengesang. – Vielleicht, dass auch unsre letzte Musik, so sehr sie herrscht und herrschsüchtig ist, bloss noch eine kurze Spanne Zeit vor sich hat: denn sie entsprang einer Cultur, deren Boden im raschen Absinken begriffen ist, – einer alsbald versunkenen Cultur. Ein gewisser Katholicismus des Gefühls und eine Lust an irgend welchem alt-heimischen sogenannten »nationalen« Wesen und Unwesen sind ihre Voraussetzungen. Wagner's Aneignung alter Sagen und Lieder, in denen das gelehrte Vorurtheil etwas Germanisches par excellence zu sehn gelehrt hatte – heute lachen wir darüber –, die Neubeseelung dieser skandinavischen Unthiere mit einem Durst nach verzückter Sinnlichkeit und Entsinnlichung – dieses ganze Nehmen und Geben Wagner's in Hinsicht auf Stoffe, Gestalten, Leidenschaften und Nerven spricht deutlich auch den Geist seiner Musik aus, gesetzt dass diese selbst, wie jede Musik, nicht unzweideutig von sich zu reden wüsste: denn die Musik ist ein Weib ... Man darf sich über diese Sachlage nicht dadurch beirren lassen, dass wir augenblicklich gerade in der Reaktion innerhalb der Reaktion leben. Das Zeitalter der nationalen Kriege, des ultramontanen Martyriums, dieser ganze Zwischenakts-Charakter, der den Zuständen Europa's jetzt eignet, mag in der That einer solchen Kunst, wie der Wagner's, zu einer plötzlichen Glorie verhelfen, ohne ihr damit Zukunft zu verbürgen. Die Deutschen selber haben keine Zukunft ...

Wir Antipoden.

Man erinnert sich vielleicht, zum Mindesten unter meinen Freunden, dass ich Anfangs mit einigen Irrthümern und Überschätzungen und jedenfalls als Hoffender auf diese moderne Welt losgegangen bin. Ich verstand – wer weiss, auf welche persönlichen Erfahrungen hin? den philosophischen Pessimismus des neunzehnten Jahrhunderts als Symptom einer höheren Kraft des Gedankens, einer siegreicheren Fülle des Lebens, als diese in der Philosophie Hume's, Kant's und Hegel's zum Ausdruck gekommen war, – ich nahm die tragische Erkenntniss als den schönsten Luxus unsrer Cultur, als deren kostbarste, vornehmste, gefährlichste Art Verschwendung, aber immerhin, auf Grund ihres Überreichthums, als ihren erlaubten Luxus. Desgleichen deutete ich mir die Musik Wagner's zurecht zum Ausdruck einer dionysischen Mächtigkeit der Seele, in ihr glaubte ich das Erdbeben zu hören, mit dem eine von Alters her aufgestaute Urkraft von Leben sich endlich Luft macht, gleichgültig dagegen, ob Alles, was sich heute Cultur nennt, damit in's Wackeln geräth. Man sieht, was ich verkannte, man sieht insgleichen, womit ich Wagnern und Schopenhauern beschenkte – mit mir ... Jede Kunst, jede Philosophie darf als Heil- und Hülfsmittel des wachsenden oder des niedergehenden Lebens angesehen werden: sie setzen immer Leiden und Leidende voraus. Aber es giebt zweierlei Leidende, einmal die an der Überfülle des Lebens Leidenden, welche eine dionysische Kunst wollen und ebenso eine tragische Einsicht und Aussicht auf das Leben – und sodann die an der Verarmung des Lebens Leidenden, die Ruhe, Stille, glattes Meer oder aber den Rausch, den Krampf, die Betäubung von Kunst und Philosophie verlangen. Die Rache am Leben selbst – die wollüstigste Art Rausch für solche Verarmte! ... Dem Doppel-Bedürfniss der Letzteren entspricht ebenso Wagner wie Schopenhauer – sie verneinen das Leben, sie verleumden es, damit sind sie meine Antipoden. – Der Reichste an Lebensfülle, der dionysische Gott und Mensch, kann sich nicht nur den Anblick des Fürchterlichen und Fragwürdigen gönnen, sondern selbst die furchtbare That und jeden Luxus von Zerstörung, Zersetzung, Verneinung, – bei ihm erscheint das Böse, Sinnlose und Hässliche gleichsam erlaubt, wie es in der Natur erlaubt erscheint, in Folge eines Überschusses von zeugenden, wiederherstellenden Kräften, welche aus jeder Wüste noch ein üppiges Fruchtland zu schaffen vermag. Umgekehrt würde der Leidendste, Lebensärmste, am meisten die Milde, Friedlichkeit und Güte nöthig haben – das, was heute Humanität genannt wird – im Denken sowohl wie im Handeln, womöglich einen Gott, der ganz eigentlich ein Gott für Kranke, ein *Heiland* ist, ebenso auch die Logik, die begriffliche Verständlichkeit des Daseins selbst für Idioten – die typischen »Freigeister«, wie die »Idealisten« und »schönen Seelen«, sind alle décadents – kurz, eine gewisse warme, furchtabwehrende Enge und Einschliessung in optimistische Horizonte, die *Verdummung* erlaubt ... Dergestalt lernte ich allmählich Epikur begreifen, den Gegensatz eines dionysischen Griechen, insgleichen den Christen, der in der That nur eine Art Epikureer ist und mit seinem »der Glaube macht *selig*« dem Princip des Hedonismus *so weit wie möglich* folgt – bis über jede intellektuelle Rechtschaffenheit hinweg ... Wenn ich Etwas vor allen Psychologen voraus habe, so ist es das, dass mein Blick geschärfter ist für jene schwierigste und verfänglichste Art des *Rückschlusses*, in der die meisten Fehler gemacht werden – des Rückschlusses vom Werk auf den Urheber, von der That auf den Thäter, vom Ideal auf Den, der es *nöthig* hat, von jeder Denk- und Werthungsweise auf das dahinter kommandirende *Bedürfniss*. – In Hinsicht auf Artisten jeder Art bediene ich mich jetzt dieser Hauptunterscheidung: ist hier der Hass gegen das Leben oder der Überfluss an Leben schöpferisch geworden? In Goethe zum Beispiel wurde der Überfluss schöpferisch, in Flaubert der Hass: Flaubert, eine Neuausgabe Pascal's, aber als Artist, mit dem Instinkt-Urtheil aus dem Grunde: »Flaubert est toujours haïssable, l'homme n'est rien, l'oeuvre est tout« ... Er torturirte sich, wenn er dichtete, ganz wie Pascal sich torturirte, wenn er dachte – sie empfanden beide unegoistisch ... »Selbstlosigkeit« – das décadence-Princip, der Wille zum Ende in der Kunst sowohl wie in der Moral. –

Wohin Wagner gehört.

Auch jetzt noch ist Frankreich der Sitz der geistigsten und raffinirtesten Cultur Europa's und die hohe Schule des Geschmacks: aber man muss dies »Frankreich des Geschmacks« zu finden wissen. Die Norddeutsche Zeitung zum Beispiel, oder wer in ihr sein Mundstück hat, sieht in den Franzosen »Barbaren«, – ich für meine Person suche den schwarzen Erdtheil, wo man »die Sklaven« befreien sollte, in der Nähe der Norddeutschen ... Wer zu jenem Frankreich gehört, hält sich gut verborgen: es mag eine kleine Zahl sein, in denen es leibt und lebt, dazu vielleicht Menschen, welche nicht auf den kräftigsten Beinen stehn, zum Theil Fatalisten, Verdüsterte, Kranke, zum Theil Verzärtelte und Verkünstelte, Solche, welche den Ehrgeiz haben, künstlich zu sein, – aber sie haben alles Hohe und Zarte, was jetzt in der Welt noch übrig ist, in ihrem Besitz. In diesem Frankreich des Geistes, welches auch das Frankreich des Pessimismus ist, ist heute schon Schopenhauer mehr zu Hause als er es je in Deutschland war; sein Hauptwerk zwei Mal bereits übersetzt, das zweite Mal ausgezeichnet, so dass ich es jetzt vorziehe, Schopenhauer französisch zu lesen

(– er war ein *Zufall* unter Deutschen, wie ich ein solcher Zufall bin – die Deutschen haben keine Finger für uns, sie haben überhaupt keine Finger, sie haben bloss Tatzen). Gar nicht zu reden von Heinrich Heine – l'adorable Heine sagt man in Paris –, der den tieferen und seelenvolleren Lyrikern Frankreichs längst in Fleisch und Blut übergegangen ist. Was wüsste deutsches Hornvieh mit den délicatesses einer solchen Natur anzufangen! – Was endlich Richard Wagner angeht: so greift man mit Händen, nicht vielleicht mit Fäusten, dass Paris der eigentliche *Boden* für Wagner ist: je mehr sich die französische Musik nach den Bedürfnissen der »âme moderne« gestaltet, um so mehr wird sie wagnerisiren, – sie thut es schon jetzt genug. – Man darf sich hierüber nicht durch Wagner selber irre führen lassen – es war eine wirkliche Schlechtigkeit Wagners, Paris 1871 in seiner Agonie zu verhöhnen … In Deutschland ist Wagner trotzdem bloss ein Missverständniss: wer wäre unfähiger, Etwas von Wagner zu verstehn, als zum Beispiel der junge Kaiser? – Die Thatsache bleibt für jeden Kenner der europäischen Cultur-Bewegung nichtsdestoweniger gewiss, dass die französische Romantik und Richard Wagner auf's Engste zu einander gehören. Allesammt beherrscht von der Litteratur bis in ihre Augen und Ohren – die ersten Künstler Europa's von *weltlitterarischer* Bildung – meistens sogar selber Schreibende, Dichtende, Vermittler und Vermischer der Sinne und Künste, allesammt Fanatiker des *Ausdrucks*, grosse Entdecker im Reiche des Erhabenen, auch des Hässlichen und Grässlichen, noch grössere Entdecker im Effekte, in der Schaustellung, in der Kunst der Schauläden, allesammt Talente weit über ihr Genie hinaus –, *Virtuosen* durch und durch, mit unheimlichen Zugängen zu Allem, was verführt, lockt, zwingt, umwirft, geborne Feinde der Logik und der geraden Linie, begehrlich nach dem Fremden, dem Exotischen, dem Ungeheuren, allen Opiaten der Sinne und des Verstandes. Im Ganzen eine verwegenwagende, prachtvoll-gewaltsame, hochfliegende und hoch emporreissende Art von Künstlern, welche ihrem Jahrhundert – es ist das Jahrhundert der Masse – den Begriff »Künstler« erst zu lehren hatte. Aber krank …

Wagner als Apostel der Keuschheit.

1.

– Ist das noch deutsch?
Aus deutschem Herzen kam dies schwüle Kreischen?
Und deutschen Leibs ist dies Sich-selbst-Zerfleischen?
Deutsch ist dies Priester-Hände-Spreizen,
Dies weihrauchdüftelnde Sinne-Reizen?
Und deutsch dies Stürzen, Stocken, Taumeln,
Dies zuckersüsse Bimbambaumeln?
Dies Nonnen-Äugeln, Ave-Glockenbimmeln,
Dies ganze falsch verzückte Himmel-Überhimmeln? …

– Ist das noch deutsch?
Erwägt! Noch steht ihr an der Pforte …
Denn was ihr hört, ist Rom, – Roms Glaube ohne Worte!

2.

Zwischen Sinnlichkeit und Keuschheit giebt es keinen nothwendigen Gegensatz; jede gute Ehe, jede eigentliche Herzensliebschaft ist über diesen Gegensatz hinaus. Aber in jenem Falle, wo es wirklich diesen Gegensatz giebt, braucht es zum Glück noch lange kein tragischer Gegensatz zu sein. Dies dürfte wenigstens für alle wohlgerathneren, wohlgemutheren Sterblichen gelten, welche ferne davon sind, ihr labiles Gleichgewicht zwischen Engel und petite bête ohne Weiteres zu den Gegengründen des Daseins zu rechnen, – die Feinsten, die Hellsten, gleich Hafis, gleich Goethe, haben darin sogar einen Reiz mehr gesehn ... Solche Widersprüche gerade verführen zum Dasein ... Andrerseits versteht es sich nur zu gut, dass, wenn einmal die verunglückten Thiere der Circe dazu gebracht werden, die Keuschheit anzubeten, sie in ihr nur ihren Gegensatz sehn und *anbeten* werden – oh mit was für einem tragischen Gegrunz und Eifer! man kann es sich denken – jenen peinlichen und vollkommen überflüssigen Gegensatz, den Richard Wagner unbestreitbar am Ende seines Lebens noch hat in Musik setzen und auf die Bühne bringen wollen. *Wozu doch?* wie man billig fragen darf.

3.

Dabei ist freilich jene andre Frage nicht zu umgehn, was ihn eigentlich jene männliche (ach, so unmännliche) »Einfalt vom Lande« angieng, jener arme Teufel und Naturbursch Parsifal, der von ihm mit so verfänglichen Mitteln schliesslich katholisch gemacht wird – wie? war dieser Parsifal überhaupt *ernst* gemeint? Denn dass man über ihn *gelacht* hat, möchte ich am wenigsten bestreiten, Gottfried Keller auch nicht ... Man möchte es nämlich wünschen, dass der Wagnersche Parsifal heiter gemeint sei, gleichsam als Schlussstück und Satyrdrama, mit dem der Tragiker Wagner gerade auf eine ihm gebührende und würdige Weise von uns, auch von sich, vor Allem *von der Tragödie* habe Abschied nehmen wollen, nämlich mit einem Excess höchster und muthwilligster Parodie auf das Tragische selbst, auf den ganzen schauerlichen Erden-Ernst und Erden-Jammer von Ehedem, auf die endlich überwundene dümmste Form in der Widernatur des asketischen Ideals. Der Parsifal ist ja ein Operetten-Stoff par excellence ... Ist der Parsifal Wagner's sein heimliches Überlegenheits-Lachen über sich selber, der Triumph seiner letzten höchsten Künstler-Freiheit, Künstler-Jenseitigkeit – Wagner, der über sich zu lachen weiss? ... Man möchte es, wie gesagt, wünschen: denn was würde der ernstgemeinte Parsifal sein? Hat man wirklich nöthig, in ihm (wie man sich gegen mich ausgedrückt hat) »die Ausgeburt eines toll gewordnen Hasses auf Erkenntniss, Geist und Sinnlichkeit« zu sehn? einen Fluch auf Sinne und Geist in Einem Hass und Athem? eine Apostasie und Umkehr zu christlich-krankhaften und obskurantistischen Idealen? Und zuletzt gar ein Sich-selbst-Verneinen, Sich-selbst-Durchstreichen von Seiten eines Künstlers, der bis dahin mit aller Macht seines Willens auf das Umgekehrte, auf höchste Vergeistigung und Versinnlichung seiner Kunst aus gewesen war? Und nicht nur seiner Kunst, auch seines Lebens? Man erinnere sich, wie begeistert seiner Zeit Wagner in den Fusstapfen des Philosophen Feuerbach gegangen ist. Feuerbach's Wort von der »gesunden Sinnlichkeit« – das klang in den dreissiger und vierziger Jahren Wagnern gleich vielen Deutschen – sie nannten sich die jungen Deutschen – wie das Wort der Erlösung. Hat er schliesslich darüber umgelernt? Da es zum Mindesten scheint, dass er zuletzt den Willen hatte, darüber umzulehren? ... Ist der Hass auf das Leben bei ihm Herr geworden, wie bei Flaubert? ... Denn der Parsifal ist ein Werk der Tücke, der Rachsucht, der heimlichen Giftmischerei gegen die Voraussetzungen des Lebens, ein schlechtes Werk. – Die Predigt der Keuschheit bleibt eine Aufreizung zur Widernatur: ich verachte Jedermann, der den Parsifal nicht als Attentat auf die Sittlichkeit empfindet. –

Wie ich von Wagner loskam.

1.

Schon im Sommer 1876, mitten in der Zeit der ersten Festspiele, nahm ich bei mir von Wagnern Abschied. Ich vertrage nichts Zweideutiges; seitdem Wagner in Deutschland war, condescendirte er Schritt für Schritt zu Allem, was ich verachte – selbst zum Antisemitismus … Es war in der That damals die höchste Zeit, Abschied zu nehmen: alsbald schon bekam ich den Beweis dafür. Richard Wagner, scheinbar der Siegreichste, in Wahrheit ein morsch gewordner verzweifelnder décadent, sank plötzlich, hülflos und zerbrochen, vor dem christlichen Kreuze nieder … Hat denn kein Deutscher für dies schauerliche Schauspiel damals Augen im Kopfe, Mitgefühl in seinem Gewissen gehabt? War ich der Einzige, der an ihm – *litt?* – Genug, mir selbst gab das unerwartete Ereigniss wie ein Blitz Klarheit über den Ort, den ich verlassen hatte – und auch jenen nachträglichen Schauder, den Jeder empfindet, der unbewusst durch eine ungeheure Gefahr gelaufen ist. Als ich allein weiter gieng, zitterte ich; nicht lange darauf war ich krank, mehr als krank, nämlich *müde*, – müde aus der unaufhaltsamen Enttäuschung über Alles, was uns modernen Menschen zur Begeisterung übrig blieb, über die allerorts *vergeudete* Kraft, Arbeit, Hoffnung, Jugend, Liebe, müde aus Ekel vor der ganzen idealistischen Lügnerei und Gewissens-Verweichlichung, die hier wieder einmal den Sieg über Einen der Tapfersten davongetragen hatte, müde endlich, und nicht am wenigsten, aus dem Gram eines unerbittlichen Argwohns – dass ich nunmehr verurtheilt sei, tiefer zu misstrauen, tiefer zu verachten, tiefer *allein* zu sein als je vorher. Denn ich hatte Niemanden gehabt als Richard Wagner … Ich war immer *verurtheilt* zu Deutschen …

2.

Einsam nunmehr und schlimm misstrauisch gegen mich, nahm ich, nicht ohne Ingrimm, damals Partei *gegen* mich, und *für* Alles, was gerade mir wehthat und hart fiel: so fand ich den Weg zu jenem tapferen Pessimismus wieder, der der Gegensatz aller idealistischen Verlogenheit ist, und auch, wie mir scheinen will, den Weg zu *mir*, – zu *meiner* Aufgabe … Jenes verborgene und herrische Etwas, für das wir lange keinen Namen haben, bis es sich endlich als unsre Aufgabe erweist, – dieser Tyrann in uns nimmt eine schreckliche Wiedervergeltung für jeden Versuch, den wir machen, ihm auszuweichen oder zu entschlüpfen, für jede vorzeitige Bescheidung, für jede Gleichsetzung mit Solchen, zu denen wir nicht gehören, für jede noch so achtbare Thätigkeit, falls sie uns von unsrer Hauptsache ablenkt, – ja für jede Tugend selbst, welche uns gegen die Härte der eigensten Verantwortlichkeit schützen möchte. Krankheit ist jedes Mal die Antwort, wenn wir an unsrem Recht auf *unsre* Aufgabe zweifeln wollen, wenn wir anfangen, es uns irgendworin leichter zu machen. Sonderbar und furchtbar zugleich! Unsre *Erleichterungen* sind es, die wir am härtesten büssen müssen! Und wollen wir hinterdrein zur Gesundheit zurück, so bleibt uns keine Wahl: wir müssen uns *schwerer* belasten, als wir je vorher belastet waren …

Der Psycholog nimmt das Wort.

1.

Je mehr ein Psycholog, ein geborner, ein unvermeidlicher Psycholog und Seelen-Errather, sich den ausgesuchteren Fällen und Menschen zukehrt, um so grösser wird seine Gefahr, am

Mitleiden zu ersticken. Er hat Härte und Heiterkeit nöthig, mehr als ein andrer Mensch. Die Verderbniss, das Zugrundegehn der höheren Menschen ist nämlich die Regel: es ist schrecklich, eine solche Regel immer vor Augen zu haben. Die vielfache Marter des Psychologen, der dies Zugrundegehn entdeckt hat, der diese gesammte innere »Heillosigkeit« des höheren Menschen, dies ewige »Zu spät!« in jedem Sinne erst einmal und dann fast immer wieder entdeckt, durch die ganze Geschichte hindurch – kann vielleicht eines Tags die Ursache davon werden, dass er selber verdirbt ... Man wird fast bei jedem Psychologen eine verrätherische Vorneigung zum Umgange mit alltäglichen und wohlgeordneten Menschen wahrnehmen: daran verräth sich, dass er immer einer Heilung bedarf, dass er eine Art Flucht und Vergessen braucht, weg von dem, was ihm seine Einblicke, Einschnitte, was ihm sein Handwerk aufs Gewissen gelegt hat. Die Furcht vor seinem Gedächtniss ist ihm zu eigen. Er kommt vor dem Urtheile Anderer leicht zum Verstummen, er hört mit einem unbewegten Gesichte zu, wie dort verehrt, bewundert, geliebt, verklärt wird, wo er gesehn hat –, oder er verbirgt noch sein Verstummen, indem er irgend einer Vordergrunds-Meinung ausdrücklich zustimmt. Vielleicht geht die Paradoxie seiner Lage so weit ins Schauerliche, dass die »Gebildeten« gerade dort, wo er das grosse Mitleiden neben der grossen Verachtung gelernt hat, ihrerseits die grosse Verehrung lernen ... Und wer weiss, ob sich nicht in allen grossen Fällen eben nur Dies begab, – dass man einen Gott anbetete und dass der Gott nur ein armes Opferthier war ... Der Erfolg war immer der grösste Lügner – und auch das Werk, die That ist ein Erfolg ... Der grosse Staatsmann, der Eroberer, der Entdecker ist in seine Schöpfungen verkleidet, versteckt, bis ins Unerkennbare; das Werk, das des Künstlers, des Philosophen, erfindet erst den, welcher es geschaffen hat, geschaffen haben soll ... Die »grossen Männer«, wie sie verehrt werden, sind kleine schlechte Dichtungen hinterdrein, – in der Welt der historischen Werthe herrscht die Falschmünzerei …

2.

– Diese grossen Dichter zum Beispiel, diese Byron, Musset, Poe, Leopardi, Kleist, Gogol – ich wage es nicht, viel grössere Namen zu nennen, aber ich meine sie – so wie sie nun einmal sind, sein müssen: Menschen des Augenblicks, sinnlich, absurd, fünffach, im Misstrauen und Vertrauen leichtfertig und plötzlich; mit Seelen, an denen gewöhnlich irgend ein Bruch verhehlt werden soll; oft mit ihren Werken Rache nehmend für eine innere Besudelung, oft mit ihren Aufflügen Vergessenheit suchend vor einem allzutreuen Gedächtniss, Idealisten aus der Nähe des Sumpfes – welche Marter sind diese grossen Künstler und überhaupt die sogenannten höheren Menschen für den, der sie erst errathen hat … Wir sind Alle Fürsprecher des Mittelmässigen … Es ist begreiflich, dass sie gerade vom Weibe, das hellseherisch ist in der Welt des Leidens und leider auch weit über seine Kräfte hinaus hülf- und rettungssüchtig, so leicht jene Ausbrüche von unbegrenztem Mitleide erfahren, welche die Menge, vor Allem die verehrende Menge mit neugierigen und selbstgefälligen Deutungen überhäuft … Dies Mitleiden täuscht sich regelmässig über seine Kraft: das Weib möchte glauben, dass Liebe Alles vermöge, – es ist sein eigentlicher Aberglaube. Ach, der Wissende des Herzens erräth, wie arm, hülflos, anmaasslich, fehlgreifend auch die beste tiefste Liebe ist – wie sie eher noch zerstört als rettet ….

3.

– Der geistige Ekel und Hochmuth jedes Menschen, der tief gelitten hat – es bestimmt beinahe die Rangordnung, wie tief Einer leiden kann –, seine schaudernde Gewissheit, von der er ganz durchtränkt und gefärbt ist, vermöge seines Leidens mehr zu wissen, als die Klügsten und Weisesten wissen könnten, in vielen fernen entsetzlichen Welten bekannt und einmal zu Hause gewesen zu sein, von denen »ihr Nichts wisst« ..., dieser geistige schweigende Hochmuth, dieser Stolz des Auserwählten der Erkenntniss, des »Eingeweihten«, des beinahe Geopferten findet alle Arten von Verkleidung nöthig, um sich vor der Berührung mit zudringlichen und mitleidigen Händen und überhaupt vor Allem, was nicht seines Gleichen im Schmerz ist, zu schützen. Das tiefe Leiden macht vornehm; es trennt. – Eine der feinsten Verkleidungs-Formen ist der Epicureismus und eine gewisse fürderhin zur Schau getragne Tapferkeit des Geschmacks, welche das Leiden leichtfertig nimmt und sich gegen alles Traurige und Tiefe zur Wehre setzt. Es giebt »heitere Menschen«, welche sich der Heiterkeit bedienen, weil sie um ihretwillen missverstanden werden, – sie wollen missverstanden sein. Es giebt »wissenschaftliche Geister«, welche sich der Wissenschaft bedienen, weil dieselbe einen heiteren Anschein giebt und weil Wissenschaftlichkeit darauf schliessen lässt, dass der Mensch oberflächlich ist – sie wollen zu einem falschen Schlusse verführen ... Es giebt freie freche Geister, welche verbergen und verleugnen möchte(n), dass sie im Grunde zerbrochne unheilbare Herzen sind – es ist der Fall Hamlets: und dann kann die Narrheit selbst die Maske für ein unseliges allzugewisses Wissen sein. –

Epilog.

1.

Ich habe mich oft gefragt, ob ich den schwersten Jahren meines Lebens nicht tiefer verpflichtet bin als irgend welchen anderen. So wie meine innerste Natur es mich lehrt, ist alles Nothwendige, aus der Höhe gesehn und im Sinne einer grossen Ökonomie, auch das Nützliche an sich, – man soll es nicht nur tragen, man soll es lieben ... Amor fati: das ist meine innerste Natur. – Und was mein langes Siechthum angeht, verdanke ich ihm nicht unsäglich viel mehr als meiner Gesundheit? Ich verdanke ihm eine höhere Gesundheit, eine solche, welche stärker wird von Allem, was sie nicht umbringt! – Ich verdanke ihr auch meine Philosophie ... Erst der grosse Schmerz ist der letzte Befreier des Geistes, als der Lehrmeister des grossen Verdachts, der aus jedem U ein X macht, ein echtes rechtes X, das heisst den vorletzten Buchstaben vor dem letzten ... Erst der grosse Schmerz, jener lange langsame Schmerz, in dem wir gleichsam wie mit grünem Holze verbrannt werden, der sich Zeit nimmt –, zwingt uns Philosophen in unsre letzte Tiefe zu steigen und alles Vertrauen, alles Gutmüthige, Verschleiernde, Milde, Mittlere, wohin wir vielleicht vordem unsre Menschlichkeit gesetzt haben, von uns zu thun. Ich zweifle, ob ein solcher Schmerz »verbessert«: aber ich weiss, dass er uns vertieft ... Sei es nun, dass wir ihm unsern Stolz, unsern Hohn, unsre Willenskraft entgegenstellen lernen, und es dem Indianer gleichthun, der, wie schlimm auch gepeinigt, sich an seinem Peiniger durch die Bosheit seiner Zunge schadlos hält; sei es, dass wir uns vor dem Schmerz in jenes Nichts zurückziehn, in das stumme, starre, taube Sich-Ergeben, Sich-Vergessen, Sich-Auslöschen: man kommt aus solchen langen gefährlichen Übungen der Herrschaft über sich als ein andrer Mensch heraus, mit einigen Fragezeichen mehr, – vor Allem mit dem Willen, fürderhin mehr, tiefer, strenger, härter, böser, stiller zu fragen als je bisher auf Erden gefragt worden ist ... Das Vertrauen zum Leben ist dahin; das Leben selber wurde ein Problem. – Möge man ja nicht glauben, dass Einer damit nothwendig zum Düsterling, zur Schleiereule geworden sei! Selbst die Liebe zum Leben ist noch möglich, – nur liebt man anders ... Es ist die Liebe zu einem Weibe, das uns Zweifel macht ...

2.

Am Seltsamsten ist Eins: man hat hinterdrein einen andren Geschmack – einen zweiten Geschmack. Aus solchen Abgründen, auch aus dem Abgrunde des grossen Verdachts kommt man neugeboren zurück, gehäutet, kitzlicher, boshafter, mit einem feineren Geschmack für die Freude, mit einer zarteren Zunge für alle guten Dinge, mit lustigeren Sinnen, mit einer zweiten gefährlicheren Unschuld in der Freude, kindlicher zugleich und hundert Mal raffinirter als man je vordem gewesen war. Moral: man ist nicht ungestraft der tiefste Geist aller Jahrtausende, – man ist es auch nicht unbelohnt ... Ich gebe sofort eine Probe.

Oh wie Einem nunmehr der Genuss zuwider ist, der grobe dumpfe braune Genuss, wie ihn sonst die Geniessenden, unsre »Gebildeten«, unsre Reichen und Regierenden verstehn! Wie boshaft wir nunmehr dem grossen Jahrmarkts-Bumbum zuhören, mit dem sich der »gebildete« Mensch und Grossstädter heute durch Kunst, Buch und Musik zu »geistigen Genüssen«, unter Mithülfe geistiger Getränke, nothzüchtigen lässt! Wie uns jetzt der Theaterschrei der Leidenschaft in den Ohren wehthut, wie unserm Geschmacke der ganze romantische Aufruhr und Sinnen-Wirrwarr, den der gebildete Pöbel liebt, sammt seinen Aspirationen nach dem Erhabenen, Gehobenen, Verschrobenen fremd geworden ist! Nein, wenn wir Genesenden eine Kunst noch brauchen, so ist es eine *andre* Kunst – eine spöttische, leichte, flüchtige, göttlich unbehelligte, göttlich künstliche Kunst, welche wie eine reine Flamme in einen unbewölkten Himmel hineinlodert! Vor Allem: eine Kunst für Künstler, *nur für Künstler!* Wir verstehn uns hinterdrein besser auf das, was dazu zuerst noththut, die Heiterkeit, *jede* Heiterkeit, meine Freunde! … Wir wissen Einiges jetzt zu gut, wir Wissenden: oh wie wir nunmehr lernen, gut zu vergessen, gut *nicht*-zu wissen, als Künstler! … Und was unsre Zukunft betrifft: man wird uns schwerlich wieder auf den Pfaden jener ägyptischen Jünglinge finden, welche Nachts Tempel unsicher machen, Bildsäulen umarmen und durchaus Alles, was mit guten Gründen versteckt gehalten wird, entschleiern, aufdecken, in helles Licht stellen wollen. Nein, dieser schlechte Geschmack, dieser Wille zur Wahrheit, zur »Wahrheit um jeden Preis«, dieser Jünglings-Wahnsinn in der Liebe zur Wahrheit – ist uns verleidet: dazu sind wir zu erfahren, zu ernst, zu lustig, zu gebrannt, zu *tief* … Wir glauben nicht mehr daran, dass Wahrheit noch Wahrheit bleibt, wenn man ihr die *Schleier* abzieht, – wir haben genug gelebt, um dies zu glauben … Heute gilt es uns als eine Sache der Schicklichkeit, dass man nicht Alles nackt sehn, nicht bei Allem dabei sein, nicht Alles verstehn und »wissen« wolle. *Tout* comprendre – c'est tout mépriser … »Ist es wahr, dass der liebe Gott überall zugegen ist? fragte ein kleines Mädchen seine Mutter: aber ich finde das unanständig« – ein Wink für Philosophen! … Man sollte die *Scham* besser in Ehren halten, mit der sich die Natur hinter Räthsel und bunte Ungewissheiten versteckt hat. Vielleicht ist die Wahrheit ein Weib, das Gründe hat, *ihre Gründe nicht sehn zu lassen?* … Vielleicht ist ihr Name, griechisch zu reden, *Baubo?* … Oh diese Griechen! sie verstanden sich darauf, zu *leben*! Dazu thut noth, tapfer bei der Oberfläche, der Falte, der Haut stehn zu bleiben, den Schein anzubeten, an Formen, an Töne, an Worte, an den ganzen *Olymp des Scheins* zu glauben! Diese Griechen waren oberflächlich – *aus Tiefe* ... Und kommen wir nicht eben darauf zurück, wir Waghalse des Geistes, die wir die höchste und gefährlichste Spitze des gegenwärtigen Gedankens erklettert und von da aus uns umgesehn haben, die wir von da aus *hinabgesehn* haben? Sind wir nicht eben darin – Griechen? Anbeter der Formen, der Töne, der Worte? Eben darum – *Künstler*? ...

Von der Armuth des Reichsten.

Zehn Jahre dahin –,
kein Tropfen erreichte mich,
kein feuchter Wind, kein Thau der Liebe
– ein regenloses Land …
Nun bitte ich meine Weisheit,
nicht geizig zu werden in dieser Dürre:
ströme selber über, träufle selber Thau
sei selber Regen der vergilbten Wildniss!

Einst hiess ich die Wolken
fortgehn von meinen Bergen, –
einst sprach ich »mehr Licht, ihr Dunklen!«
Heut locke ich sie, dass sie kommen:
macht dunkel um mich mit euren Eutern!
– ich will euch melken,
ihr Kühe der Höhe!
Milchwarme Weisheit, süssen Thau der Liebe,
ströme ich über das Land.

Fort, fort, ihr Wahrheiten,
die ihr düster blickt!
Nicht will ich auf meinen Bergen
herbe ungeduldige Wahrheiten sehn.
Vom Lächeln vergüldet
nahe mir heut die Wahrheit,
von der Sonne gesüsst, von der Liebe gebräunt, –
eine reife Wahrheit breche ich allein vom Baum.

Heut strecke ich die Hand aus
nach den Locken des Zufalls,

klug genug, den Zufall
einem Kinde gleich zu führen, zu überlisten.
Heut will ich gastfreundlich sein
gegen Unwillkommnes,
gegen das Schicksal selbst will ich nicht stachlicht sein
– Zarathustra ist kein Igel.

Meine Seele,
unersättlich mit ihrer Zunge,
an alle guten und schlimmen Dinge hat sie schon geleckt,
in jede Tiefe tauchte sie hinab.
Aber immer gleich dem Korke,
immer schwimmt sie wieder obenauf,
sie gaukelt wie Öl über braune Meere:
dieser Seele halber heisst man mich den Glücklichen.

Wer sind mir Vater und Mutter?
Ist nicht mir Vater Prinz Überfluss
und Mutter das stille Lachen?
Erzeugte nicht dieser Beiden Ehebund
mich Räthselthier,
mich Lichtunhold,
mich Verschwender aller Weisheit Zarathustra?

Krank heute vor Zärtlichkeit,
ein Thauwind,
sitzt Zarathustra wartend, wartend auf seinen Bergen, –
im eignen Safte
süss geworden und gekocht,
unterhalb seines Gipfels,
unterhalb seines Eises,
müde und selig,
ein Schaffender an seinem siebenten Tag.

– Still!
Eine Wahrheit wandelt über mir
einer Wolke gleich, –
mit unsichtbaren Blitzen trifft sie mich.
Auf breiten langsamen Treppen
steigt ihr Glück zu mir:
komm, komm, geliebte Wahrheit!

– Still!
Meine Wahrheit ists! –
Aus zögernden Augen,
aus sammtenen Schaudern
trifft mich ihr Blick,
lieblich, bös, ein Mädchenblick …
Sie errieth meines Glückes Grund,
sie errieth mich – ha! was sinnt sie aus? –
Purpurn lauert ein Drache
im Abgrunde ihres Mädchenblicks.

– Still! Meine Wahrheit redet! –

Wehe dir, Zarathustra!
Du siehst aus, wie Einer,
Der Gold verschluckt hat:
man wird dir noch den Bauch aufschlitzen! …

Zu reich bist du,
du Verderber Vieler!
Zu Viele machst du neidisch,
zu Viele machst du arm …
Mir selber wirft dein Licht Schatten –,
es fröstelt mich: geh weg, du Reicher,
geh, Zarathustra, weg aus deiner Sonne! …

Du möchtest schenken, wegschenken deinen Überfluss,
aber du selber bist der Überflüssigste!
Sei klug, du Reicher!
Verschenke dich selber erst, oh Zarathustra!

Zehn Jahre dahin –,
und kein Tropfen erreichte dich?
kein feuchter Wind? kein Thau der Liebe?
Aber wer sollte dich auch lieben,
du Überreicher?
Dein Glück macht rings trocken,
macht arm an Liebe
– ein regenloses Land ...

Niemand dankt dir mehr.
Du aber dankst Jedem,
der von dir nimmt:
daran erkenne ich dich,
du Überreicher,
du Ärmster aller Reichen!

Du opferst dich, dich quält dein Reichthum –,
du giebst dich ab,
du schonst dich nicht, du liebst dich nicht:
die grosse Qual zwingt dich allezeit,
die Qual übervoller Scheuern, übervollen
Herzens –
aber Niemand dankt dir mehr ...

Du musst ärmer werden,
weiser Unweiser!
willst du geliebt sein.
Man liebt nur die Leidenden,

Nachwort

Passion und Polemik: Nietzsches Wagner-Kritik

»Ich wüßte nicht, auf welchem Wege ich je des *reinsten* sonnenhellen Glücks theilhaftig geworden wäre als durch Wagner's Musik: und dies obwohl sie durchaus nicht immer vom Glück redet, sondern von den furchtbaren und unheimlichen unterirdischen Kräften des Menschentreibens, von dem Leiden in allem Glücke und von der Endlichkeit unseres Glücks; es muß also in der Art, wie sie redet, das Glück liegen, das sie ausströmt.« So lesen wir in einer nachgelassenen Aufzeichnung Friedrich Nietzsches vom Sommer 1875.

»Glück«: fünfmal kommt diese Vokabel in ein und demselben Satz vor. Er ist zu einer Zeit geschrieben, da Nietzsche längst in vieler Hinsicht auf Distanz zu Wagner gegangen ist. Gleichwohl – seine Musik ist »die große Liebesleidenschaft von Nietzsches Leben gewesen«, schreibt Thomas Mann in seinem Essay *Leiden und Größe Richard Wagners* (1933). Doch Nietzsches Liebe galt nicht nur der Musik – sie galt nicht weniger der Person Wagners, des »Zauberers«, wie er ihn immer wieder nennt. »Ich habe ihn geliebt und Niemanden sonst.« Diese in ihrem Lakonismus erschütternde Äußerung steht in einer Aufzeichnung aus dem Frühjahr 1885 – zwei Jahre nach Wagners Tod.

Seit mehr als einem Jahrhundert rankt sich ein üppig wucherndes Blätterwerk von Legenden und Gerüchten um die Beziehungen Nietzsches zu Wagner. Durch die Edition des Nietzsche-Nachlasses in der Kritischen Gesamtausgabe von Giorgio Colli und Mazzino Montinari (1967ff.) ist das Gestrüpp der Legendenbildung indessen energisch zurückgestutzt worden. Die erst seit wenigen Jahrzehnten unverfälscht ans Licht getretenen Nachlass-Aufzeichnungen Nietzsches zeigen, dass sein »Bruch« mit Wagner so rigoros nicht war, wie er sich der Nachwelt aus ihrer Unkenntnis der Quellen so lange dargestellt hat. Passion und Kritik verschränken sich in der Einstellung des frühen Nietzsche zu Wagner nicht weniger als Polemik und Passion in seinen späten Äußerungen über ihn. So konnte Thomas Mann Nietzsches Streitschriften gegen Wagner gar »als einen Panegyrikus mit umgekehrtem Vorzeichen, als eine andere Form der Verherrlichung« empfinden (*Leiden und Größe Richard Wagners*).

Als Nietzsche Ende 1868 Wagner im Hause des Orientalisten Hermann Brockhaus in Leipzig persönlich kennenlernt, ist er erst vierundzwanzig Jahre alt. Am Pfingstmontag 1869 besucht er, soeben zum außerordentlichen Professor für Klassische Philologie an der Universität Basel ernannt, Richard Wagner und Cosima von Bülow zum ersten Mal in ihrem Haus zu Tribschen bei Luzern. In der Folgezeit wird er von ihnen geradezu als Familienmitglied adoptiert, als Bindeglied zwischen Wagner und seinem Sohn »Fidi« alias Siegfried. »Genau genommen sind Sie, nach meiner Frau, der einzige Gewinn, den mir das Leben zugeführt«, schreibt Wagner noch am 25. Juni 1872 an Nietzsche; »nun kommt zwar glücklicherweise noch Fidi dazu, aber zwischen dem und mir bedarf es eines Gliedes, das nur Sie bilden können, etwa wie der Sohn zum Enkel.« Wagner nimmt Nietzsche an Sohnes statt an. König Marke und Tristan!

Das Fundament der »Allianz«, die Wagner und Nietzsche – dessen Brief an Erwin Rohde vom 28. Januar 1872 zufolge – geschlossen haben, bilden Nietzsches Erstlingsschrift *Die Geburt der Tragödie aus dem Geiste der Musik* und ihre Vorstudien. Griechische Tragödie und Wagnersches Musikdrama werden hier ständig ineinandergespiegelt. Die Schlusssätze des Vortrags *Das griechische Musikdrama* (1870) sind dafür symptomatisch: »viele Künste in höchster Thätigkeit und doch *ein*

Kunstwerk – das ist das antike Musikdrama. Wer aber bei seinem Anblick an das Ideal des jetzigen Kunstreformators erinnert wird, der wird sich zugleich sagen müssen [...]: was wir von der Zukunft erhoffen, das war schon einmal Wirklichkeit – in einer mehr als zweitausendjährigen Vergangenheit.« Nietzsche hebt also die geschichtliche Differenz zwischen antikem und modernem »Musikdrama« auf. Das »Kunstwerk der Zukunft« – Wagners berühmter Terminus – wird durch den Nachweis, dass es im Grunde schon einmal da war, beglaubigt und legitimiert.

Anlässlich der Grundsteinlegung des Festspielhauses im Mai 1872 weilt auch Nietzsche in Bayreuth. Diese Festtage sind für ihn eine der größten Glückserfahrungen seines Lebens gewesen. Ende Mai erscheint indessen Ulrich von Wilamowitz-Moellendorffs Pamphlet gegen die *Geburt der Tragödie* unter dem Titel *Zukunftsphilologie*, der Nietzsches Engagement für die »Zukunftsmusik« aus streng philologischer Sicht ins Lächerliche zieht. Wagner schreibt einen öffentlichen Verteidigungsbrief an Nietzsche, der dessen ruinierten Ruf als Philologe natürlich nicht wiederherstellen kann. Sogar sein Lehrer Friedrich Ritschl geht zu ihm auf Distanz und gibt seinem Schüler in einem ernsten Brief zu bedenken: »Sie können dem ›Alexandriner‹ und Gelehrten unmöglich zumuthen, daß er die *Erkenntniß* verurtheile und *nur* in der Kunst die weltumgestaltende, die erlösende und befreiende Kraft erblicke.«

Bei Nietzsches Besuchen in Bayreuth kommt es zwischen ihm und Wagner, anders als in Tribschen, nun wiederholt zu Differenzen, die ihren Niederschlag in einer kritischen Aphorismenreihe von 1874/75 gefunden haben. Sie sind vor dem Hintergrund des vermeintlichen Scheiterns des Bayreuther Unternehmens in diesem Jahr geschrieben – ehe Ludwig II. es durch einen großzügigen Kredit doch noch rettete. Diese

Aphorismen gehören zu den Vorstudien zur vierten »Unzeitgemäßen Betrachtung« *Richard Wagner in Bayreuth* (1876). Die Aufzeichnungen von 1874/75 sind der Versuch, den ganzen Künstlercharakter Wagners mit Licht und Schatten zu beschreiben. Da wird er bereits als musikalischer Rhetor und »versetzter Schauspieler« charakterisiert, da ist von ihm als »Dilettanten« die Rede, und wir lesen die Feststellung: »Keiner unserer grossen Musiker war in seinem 28ten Jahr ein noch so schlechter Musiker wie Wagner.« Auch fast alle später hervorgehobenen Charakterschwächen Wagners werden angedeutet, wenn auch noch in versöhnlichem Licht: dass er »keine andre Individualität« neben sich gelten lässt (z. B. Brahms), die »Neigung zu Pomp und Luxus«, der »Tyrannensinn für das *Colossale*«, die »Unbändigkeit und Maaßlosigkeit« im alltäglichen Verhalten, von der allerdings seine Disziplin als Künstler absteche, seine fragwürdige Anhängerschaft und nicht zuletzt die Judenfeindschaft. In *Richard Wagner in Bayreuth* sind diese kritischen Einsichten – nun, da die Festspiele etabliert sind – aber so gut wie ganz unterdrückt. Die vierte »Unzeitgemäße Betrachtung« ist eine echte »Bayreuther Festpredigt« geworden, wie Nietzsche selbst im Juli 1876 an Wagner schreibt. Man spürt freilich, mit den kritischen Aphorismen der Vorjahre im Ohr, das ein wenig Fassadenhafte dieses offiziösen Wagner-Porträts.

Nietzsche hat die Festspiele von 1876, zu deren Verherrlichung seine Schrift beitragen sollte, später zur Peripetie in seiner Beziehung zu Wagner stilisiert. »*Was war geschehen?* – Man hatte Wagner ins Deutsche übersetzt! Der Wagnerianer war Herr über Wagner geworden – Die *deutsche* Kunst! der *deutsche* Meister! das *deutsche* Bier!« So in *Ecce homo*. Dieser satirischen Stilisierung ist jedoch mit Skepsis zu begegnen, war es doch zumindest *auch* Nietzsches katastrophaler Gesundheitszustand, seine rasende Migräne, die ihn zu seiner

»Flucht« aus Bayreuth in den Kurort Klingenbrunn im Bayerischen Wald zwangen (von dem er dann doch zum ersten *Ring*-Zyklus nach Bayreuth zurückkehrte). »Ich muß alle Fassung zusammen nehmen, um die grenzenlose Enttäuschung dieses Sommers zu ertragen«, schreibt er am 6. August an seine Schwester. Ein doppelsinniges Wort. Hinter der Desperation Nietzsches über sein krankheitsbedingtes Unvermögen, die langen Aufführungen durchzustehen, deutet sich die Desillusionierung durch die Gestalt der Festspiele selber an, welche sich mit ihrem gesellschaftlichen Trubel von Nietzsches »Ideal«, wie es beim Fest der Grundsteinlegung vier Jahre zuvor so hell aufgeleuchtet hatte, in seinen migräneumflorten Augen beträchtlich entfernt hatten.

Das äußere Datum des Zerwürfnisses zwischen Wagner und Nietzsche ist das Eintreffen des ersten Teils von *Menschliches, Allzumenschliches* in Bayreuth Ende April 1878. Knapp vier Monate zuvor hatte Wagner Nietzsche den Privatdruck der *Parsifal*-Dichtung gesandt, mit einer Widmung, in der er seinem Namen unter Anspielung auf den christlichen Gehalt seines letzten Werks scherzhaft die Amtsbezeichung »Ober-Kirchenrath« beifügte. (Allerdings war dieser Scherz nicht für Nietzsche selber, sondern für seinen Freund, den Kirchenhistoriker Franz Overbeck, bestimmt.)

Nietzsche hat in *Ecce homo* von einer ominösen »Kreuzung der zwei Bücher« gesprochen. »Klang es nicht, als ob sich *Degen* kreuzten?« Eine ebenfalls stilisierende Verrückung der Fakten, lag doch der *Parsifal*-Text schon seit mehr als einem Vierteljahr auf Nietzsches Schreibtisch. Im Übrigen hat er schon Weihnachten 1869 zusammen mit Cosima, wie deren Tagebuch festhält, den detaillierten Prosaentwurf des *Parsifal* von 1865 mit tiefer Bewegung gelesen. Noch am 10. Oktober 1877 schreibt er Cosima: »Die herrliche Verheißung des Parcival mag uns in allen Dingen trösten, wo wir Trost bedürfen.« Dieses Trostes bedurfte er wenig später nicht mehr. In einem Brief an Reinhart von Seydlitz vom 4. Januar 1878 wird der »Eindruck des ersten Lesens« des *Parsifal*-Textes wiedergegeben: »mehr Liszt als Wagner, Geist der Gegenreformation; mir, der ich zu sehr an das Griechische, menschlich Allgemeine gewöhnt bin, ist Alles zu christlich zeitlich beschränkt«. Gleichwohl seien die Situationen und ihre Folge »von der höchsten Poesie« und »eine letzte Herausforderung der Musik«.

Enthält Nietzsches Urteil über die *Parsifal*-Dichtung bei aller Reserve also doch einiges Lob, so fällt dasjenige Wagners über *Menschliches, Allzumenschliches* vier Monate später vernichtend aus. Sein Aufsatz *Publikum und Popularität* im Augustheft der *Bayreuther Blätter* enthält im dritten Absatz eine verdeckte Polemik gegen den Autor von *Menschliches, Allzumenschliches*. Er verhöhnt da satirisch die ungenannten Repräsentanten der »Wissenschaft«, welche »auf uns Künstler, Dichter und Musiker, als die Spätgeburten einer verrotteten Weltanschauungs-Methode herabblicken« und das naturwissenschaftliche oder historische »Erkennen« an die Stelle von »metaphysischen Allotrien« setzen wollen – bis »das rein erkennende Subjekt, auf dem Katheder sitzend, allein als Existenzberechtigt übrig bleibt. Eine würdige Erscheinung am Schlusse der Welt-Tragödie!« In der Tat lässt *Menschliches, Allzumenschliches* den »Geist der Wissenschaft« an die Stelle der metaphysisch-ästhetischen Spekulationen der früheren Schriften Nietzsches treten. So macht dieser sich nun selber den Standpunkt zu eigen, von dem aus sich sein Lehrer Ritschl gegen die *Geburt der Tragödie* gewandt hatte: die »Erkenntnis« zu verurteilen und nur »in der Kunst die weltumgestaltende, die erlösende und befreiende Kraft« zu erblicken, wie Ritschl es ihm vorgeworfen hatte, davon ist er jetzt weit entfernt.

In *Menschliches, Allzumenschliches I* wird Wagner nicht namentlich erwähnt. Diesem ist gleichwohl nicht verborgen geblieben – das Zitat aus *Publikum und Popularität* zeigt es –, dass er für Nietzsche einer der Hauptrepräsentanten der nunmehr zu Ende gehenden Kultur geworden ist. Deren Prinzipien und Lebensgefühl den Zeitgenossen und Nachkommenden noch einmal verständlich zu machen, sei die Aufgabe seiner Musik: nichts als »Schwanengesang« vermag sie noch zu sein. Wie hätte Wagner ein Verständnis von Kultur akzeptieren können, aus dem heraus ausgerechnet ihm – der sein Kunstwerk immer auf die Zukunft projizierte und für den die gebräuchlichste Spottvokabel der Zeitgenossen das Wort »Zukunftsmusiker« war – nur noch eine retrospektive Rolle verblieb? Er sieht den Sachverhalt ganz anders: Nietzsche habe sich von der tieferen Kultur verabschiedet und sei einem ›bildungsphiliströsen‹ Fortschrittsglauben anheimgefallen.

Das Jahr 1882 versetzt Nietzsche aufgrund der zweiten Bayreuther Festspiele mit der Uraufführung des *Parsifal* noch einmal in höchste kritische Aufregung. Zwar kann er sich nicht entschließen, nach Bayreuth zu fahren, doch eingehend studiert er den Klavierauszug des *Parsifal*. Sein Urteil fällt uneingeschränkt negativ aus: »Hegelei in Musik« nennt er Wagners letztes Werk in einem Brief an Malwida von Meysenbug vom 13. Juli des Jahres. Als er jedoch Anfang 1887 in Monte Carlo das Vorspiel zum *Parsifal* zum ersten Mal hört, stellt er sein bisheriges Urteil zumindest in musikalischer Hinsicht auf den Kopf. In seinen Aufzeichnungen redet er von der »größten Wohlthat, die mir seit langem erwiesen ist. Die Macht und Strenge des Gefühls, unbeschreiblich, ich kenne nichts, was das Christenthum so in der Tiefe nähme und so scharf zum Mitgefühl brächte.« Noch emphatischer der Brief an Peter Gast vom 21. Januar 1887: »Hat Wagner je Etwas *besser* gemacht?« fragt er da und lässt eine panegyrische Beschreibung des Wagnerschen Spätstils folgen, die gerade das rühmend hervorhebt, was er an anderem Ort so rigoros verwirft: die tiefe Erfassung des Christentums und insbesondere der christlich-schopenhauerschen Kardinaltugend des »Mitleidens«.

Der Tod Wagners am 13. Februar 1883 bedeutet einen tiefen Einbruch in Nietzsches emotionale Welt. Als er die Todesnachricht erhält – sie wirft ihn buchstäblich aufs Krankenbett –, wird der Schmerz über den unersetzlichen menschlichen Verlust, den er seinerzeit durch den Bruch erlitten hat, ebenso wieder lebendig wie die Genugtuung darüber, mit der Emanzipation von Wagner den entscheidenden Schritt zur Selbstwerdung getan zu haben. Sogar zu einem Kondolenzbrief an Cosima rafft er sich auf, der leider nicht erhalten ist und von dem wir nicht einmal wissen, ob die Adressatin ihn je gelesen hat. Zu ihm liegen drei Entwürfe vor, die sich als letzter, schmerzlich-desperater Versuch einer Wiederannäherung an die einstige Freundin offenbaren. In allen dreien wird sie »die bestverehrte Frau, die es in meinem Herzen giebt«, genannt. »Sie haben Einem Ziele gelebt und ihm jedes Opfer gebracht; über den Menschen hinaus empf[anden] Sie das Ideal dieses Einen, und ihm, welches nicht stirbt, gehören Sie, gehört Ihr Name für immer«.

Ist es aber nicht dieses Ideal, das nicht stirbt und angesichts dessen alle fragwürdigen Elemente des sterblichen Menschen Wagner wesenlos werden, mit dem auch Nietzsche seinen eigenen Namen verbunden sehen möchte? Noch drei Jahre später drückt er in einem Brief an Franz Overbeck vom 27. Oktober 1886 die Hoffnung aus, dass die Gebildeten unter den »Anhängern Wagners« erkennen werden, »daß ich heute noch so gut als ehemals an das Ideal glaube, an welches Wagner glaubte, – was liegt daran, daß ich an dem vielen Menschlich-Allzumenschlichen gestolpert bin, das R[ichard] W[agner] selbst seinem Ideal in den Weg gelegt hat«.

In seinem Brief an Peter Gast sechs Tage nach Wagners Tod

unterscheidet Nietzsche noch einmal den »altgewordnen Wagner, gegen den ich mich wehren mußte«, von dem »eigentlichen Wagner«. Was aber diesen betreffe, so wolle er »schon noch zu einem guten Theile sein *Erbe* werden«. Das ist eine der wichtigsten Formeln für Nietzsches Beziehung zu Wagner nach dessen Tod. Der König ist tot – Nietzsche meldet die Thronnachfolge an.

Das dem »altgewordnen Wagner« am entschiedensten entgegengesetzte Werk – vor den letzten Streitschriften *Der Fall Wagner* und *Nietzsche contra Wagner* – ist die philosophische Dichtung *Also sprach Zarathustra* (1883–85), die freilich aufgrund ihres fiktionalen Charakters den Namen Wagner nicht nennt. Nietzsche hat in seinem Hang zur symbolischen Verknüpfung äußerer Ereignisse den Tod Wagners später in eine ›ominöse‹ Verbindung mit dem Abschluss des ersten Teils des *Zarathustra* gebracht – in diesem Falle durchaus in Übereinstimmung mit den zeitlichen Gegebenheiten: »die Schlusspartie [...] wurde genau in der heiligen Stunde fertig gemacht, in der Richard Wagner in Venedig starb«, wird es in *Ecce homo* heißen. Der Tod Wagners wird von Nietzsche gewissermaßen zum Ende der alten Kultur stilisiert, aus deren Asche der Phönix der neuen Kultur entsteht, der »höhere Mensch« geboren wird. Sein Tod spiegelt den Tod der Götter, aus dem nach der Lehre Zarathustras der »Übermensch« hervorgehen soll. *Zarathustra* ist der radikale Gegenentwurf zur Welt des späten Wagner – Nietzsches ›Anti-Parsifal‹.

Eine der wichtigsten Thesen in der Auseinandersetzung Nietzsches mit Wagner nach 1883 ist die von seiner Zugehörigkeit zu der in der Romantik gründenden Kunstbewegung in Frankreich. Die ungeheure Wirkung Wagners auf die französische Musik, Literatur und Kunst des späten 19. und frühen 20. Jahrhunderts hat ihm erstaunlich recht gegeben! Die Verwandtschaft Wagners mit dem französischen Geist ist für

Nietzsche ein großes Hoffnungszeichen – für die Überwindung der Krankheit des 19. Jahrhunderts: des Nationalismus. »Dank der krankhaften Entfremdung, welche der Nationalitäts-Wahnsinn zwischen die Völker Europa's gelegt hat und noch legt, […] Dank Alledem und manchem heute ganz Unaussprechbaren werden jetzt die unzweideutigsten Anzeichen übersehn oder willkürlich und lügenhaft umgedeutet, in denen sich ausspricht, dass *Europa eins werden will.*« Wagners ins Metanationale ausgreifende Kunst und seine europäische Wirkung sind dafür ein wichtiges Signal.

Ende September 1888 erscheint Nietzsches wichtigste Streitschrift gegen Wagner: *Der Fall Wagner* wird für ihn zum Versuchsfeld einer »Diagnostik der modernen Seele«, deren Kern die Décadence-Analyse ist. Décadence bedeutet ursprünglich nichts anderes als Verfall. Doch seit Baudelaire hat der Terminus eine positive Umwertung erfahren. Gerade aus dem Verfall, aus der Vitalschwäche, aus dem sinkenden Leben und der Sympathie mit dem Tode soll nun eine neue, höhere ästhetische Sensibilität hervorgehen. In einer oft irritierenden Dialektik verbindet sich bei Nietzsche die traditionelle negative Sicht der Décadence mit ihrer Baudelaireschen Umdeutung. So kann dasselbe Phänomen einmal positive, einmal negative Facetten zeigen. Das gilt gerade für Wagner als den Décadence-Künstler schlechthin. Eines steht für Nietzsche fest: auch wer die Décadence überwinden will, muss sie an sich selbst erfahren haben und sie bis auf den Grund durchschauen. »Ich bin so gut wie Wagner das Kind dieser Zeit, will sagen ein *décadent*: nur dass ich das begriff, nur dass ich mich dagegen wehrte«, heißt es im »Vorwort« zu *Der Fall Wagner*.

Nietzsche bleibt bei aller emphatischen Verkündigung der Werte des aufsteigenden Lebens und des Willens zur Macht in seinem Instinkt doch zutiefst dem Christentum, der Kunst Wagners, den Tugenden und Schwächen des sinkenden Lebens verbunden. Und das sei der Nietzsche, den wir im Gegensatz zu dem Verkünder des Machtwillens und der amoralischen Lebenssteigerung als »unseren Nietzsche« bezeichnen möchten, hat Thomas Mann in seinen Notizen zu der geplanten Abhandlung *Geist und Kunst* (1909) geschrieben: »Wir haben von ihm die psychologische Reizbarkeit, den lyrischen Kritizismus, das Erlebnis Wagners, das Erlebnis des Christentums, das Erlebnis der Modernität, – Erlebnisse, von denen wir uns niemals vollkommen trennen werden, so wenig, wie er selbst sich je vollkommen davon getrennt hat.«

Diese Behauptung Thomas Manns wird durch die leidenschaftliche Zuwendung Nietzsches zu Wagners *Tristan* gerade in den allerletzten Tagen seines bewussten Lebens noch einmal bestätigt: »es ist das *capitale* Werk und von einer Fascination, die nicht nur in der Musik, sondern in allen Künsten ohne Gleichen ist«, schreibt er in seinem Brief an Carl Fuchs vom 27. Dezember 1888. Und Peter Gast kündigt er am 31. Dezember – drei Tage vor seinem paralytischen Zusammenbruch – an: »Sie werden in *Ecce homo* eine ungeheure Seite über den *Tristan* finden, überhaupt über mein Verhältniß zu Wagner. W[agner] ist durchaus der erste Name der in E[cce] h[omo] vorkommt.«

Diese »ungeheure Seite« ist der sechste Abschnitt des Kapitels: »Warum ich so klug bin«. Dort stehen die Sätze: »Aber ich suche heute noch nach einem Werke von gleich gefährlicher Fascination, von einer gleich schauerlichen und süssen Unendlichkeit, wie der Tristan ist, – ich suche in allen Künsten vergebens. Alle Fremdheiten Lionardo da Vinci's entzaubern sich beim ersten Tone des Tristan. [...] Ich denke, ich kenne besser als irgend Jemand das Ungeheure, das Wagner vermag, die fünfzig Welten fremder Entzückungen, zu denen Niemand ausser ihm Flügel hatte; und so wie ich bin, stark genug, um mir auch das Fragwürdigste und Gefährlichste noch zum Vortheil zu wenden und damit stärker zu werden, nenne ich Wagner den grossen Wohlthäter meines Lebens. Das, worin wir verwandt sind, dass wir tiefer gelitten haben, auch an einander, als Menschen dieses Jahrhunderts zu leiden vermöchten, wird unsre Namen ewig wieder zusammenbringen; und so gewiss Wagner unter Deutschen bloss ein Missverständnis ist, so gewiss bin ich's und werde es immer sein.« Das ist – Wagner betreffend – Nietzsches geistiges Testament!

Vor diesem Hintergrund ist auch die letztwillige Entscheidung Nietzsches zu sehen, seine im Dezember 1888 zusammengestellten, Wagner betreffenden »Aktenstücke« aus seinen früheren Schriften, die den Titel *Nietzsche contra Wagner* tragen sollten, nicht drucken zu lassen (seinem Brief an den Verleger Naumann in Leipzig vom 2. Januar 1889 zufolge – einen Tag vor seinem Zusammenbruch). Die in wenigen Tagen fertiggestellte Schrift – die also dem nicht autorisierten Nachlass Nietzsches zuzurechnen ist – stellt keine reine Anthologie früherer Texte dar, sondern eine beträchtliche Bearbeitung und Ergänzung derselben. Der Widerruf der Druckerlaubnis für *Nietzsche contra Wagner* hängt zweifellos mit der leidenschaftlichen Zuwendung Nietzsches zumal zu *Tristan und Isolde* in den letzten Tagen seines bewussten Lebens zusammen.

Für sein Denken ist Wagner das Paradigma aller Paradigmen geblieben. Nur so ist erklärbar, dass die Temperatur seiner Wertung bis zuletzt zwischen glühender Hitze und eisiger Kälte schwankt. Die Kluft zwischen unanfechtbarem »Ideal« und allzu anfechtbarer Wirklichkeit war für Nietzsche das große Skandalon des »Falls Wagner«. Er hat sie jedoch in seltenen traumhaften Glücksmomenten seines Lebens und seiner ästhetischen Erfahrung zu überbrücken vermocht – oder eben in jener Vision der »Sternen-Freundschaft« (*Die fröhliche Wissenschaft*, 279; dieser Aphorismus sollte ursprünglich

Nietzsche contra Wagner einleiten), welche die bewegendste Formel für seine Beziehung zu Wagner war und ist:

»Wir waren Freunde und sind uns fremd geworden. Aber das ist recht so und wir wollen's uns nicht verhehlen und verdunkeln, als ob wir uns dessen zu schämen hätten. [...] Dass wir uns fremd werden müssen, ist das Gesetz über uns: ebendadurch sollen wir uns auch ehrwürdiger werden! Ebendadurch soll der Gedanke an unsere ehemalige Freundschaft heiliger werden! Es giebt wahrscheinlich eine ungeheure unsichtbare Curve und Sternenbahn, in der unsere so verschiedenen Strassen und Ziele als kleine Wegstrecken einbegriffen sein mögen, – erheben wir uns zu diesem Gedanken! [...] Und so wollen wir an unsere Sternen-Freundschaft glauben, selbst wenn wir einander Erden-Feinde sein müssten.«

Dieter Borchmeyer

Inhalt